가정에서의 자녀 학습지도 방법

자녀교육
물고기를 탐내게 하라

가정에서의 자녀 학습지도 방법 ———

자녀교육 _ **물고기를 탐내게 하라**

인쇄 | 2012년 4월 20일
발행 | 2012년 5월 1일

글 쓴 이 | 이용만
펴 낸 이 | 김서종
펴 낸 곳 | 도서출판 *Book Manager*
전주시 완산구 중화산동 2가 736-5
출판등록 | 제 95-3호
전 화 | (063) 226-4321
팩 스 | (063) 226-4330
전자우편 | gongiksa@hanmail.net

값 10,000원
ISBN 978-89-6036-117-1 03810

가정에서의 자녀 학습지도 방법

자녀교육

물고기를 탐내게 하라

지은이 이 용 만

도서출판 Book Manager

발간의 변

우리 아이 어떻게 키울 것인가

흔히 물고기를 잡아다 주지 말고 물고기 잡는 방법을 가르쳐 주라고 한다. 그러나 다시 한 번 생각해 보자.

나는 물고기 잡는 방법을 몇 가지나 알고 있는가?

새우와 잉어를 잡는 방법이 다르고 멸치와 고래를 잡는 방법이 다른데 그것을 어떻게 가르쳐 줄 수 있다는 말인가?

그리고 물고기 잡는 방법을 가르쳐 주고 있는데 아이들이 한눈을 팔고 배우려 하지 않는다면 어떻게 할 것인가?

아이를 성공시키는 데는 물고기 잡는 방법으로는 안 된다.

그럼 어떻게 해야 하는가?

최근 보도에 의하면 자녀교육에 대한 연구에서 자녀 한 명을 대학까지 졸업시키는 데 2억 6천만 원이 든다는 연구 결과가 나왔다고 한다.

그럼 나는 얼마만큼의 돈을 준비해 두어야 자녀를 대학까지 마치게 할 수 있다는 말인가? 앞으로 물가상승과 예측할 수 없는 경비를 더한다면 얼마만큼의 돈이 필요한 것인가? 돈을 덜 들이고 자녀를 교육시킬 방법은 없는 것인가? 있다면 그 방법은 무엇인가?

"어떻게 하면 자녀들을 공부 잘하게 할 수 있나요?"

오랫동안 학교에서 학생들을 가르치다 보니 학부모로부터 이런 질문을 많이 받는다. 각 학교나 교육지원청에서 실시하는 학부모 연수에 강사로 참여하다 보면 그러한 질문을 더 많이 받게 된다.

학생들에게 물었다.

"부모님 말씀 중에 가장 듣기 싫어하는 말이 무엇인가?"

이런 설문조사에 대한 답변은 무엇이었을까?

'공부하라는 것.'

부모들에게 물었다.

"자녀가 무엇을 가장 잘하기를 바라십니까?"

이 설문에 첫째로 나타난 것은 이것이었다.

'공부 잘하는 것.'

이거 큰일 났다.

자녀들은 부모의 말 중 가장 듣기 싫은 말이 공부하라는 것이라고 하는데 부모들은 자녀에게 바라는 첫째가 공부 잘하는 것이니 이를 어찌하면 좋을까?

그렇다고 자녀들에게 공부하라는 말을 하지 않고 가만히 있자니 속 타고 애가 타서 견딜 수가 없다.

그럼 어떻게 해야 할까?

이러한 모순 속에서 어떻게 자녀들에게 공부를 시킬 것인가?

공부라는 말을 하지 않고 다른 말로 공부를 독려할 수는 없을까?

이 책은 그동안 가정에서의 자녀교육에 대한 학부모 연수에서 강의한 내용이다. 그리고 평소에 내가 생각했던 학습방법과 우리 아이들을 지도하면서 얻은 방법들이다.

결론적으로 말하면 자녀를 위하여 20년이나 30년을 쏟아 부어야 할 정성을 10년 먼저 기울이자는 것이다. 10년 동안 정성을 들이면 나머지 20년을 편안하게 보낼 수 있다. 그 방법을 이 책에서 제시하고자 한다.

이 책이 학부모 교육과 가정에서의 자녀교육에 다소나마 도움이 되기를 기대한다.

CONTENTS

Chapter Ⅲ 내 자녀 학습 돕기

Chapter Ⅳ 가정에서의 학습방법

Chapter Ⅴ 독서를 통한 자녀교육 성공사례

Chapter Ⅵ 독서와 학습

Chapter Ⅶ 어릴 때 잡아 주어야 하는 버릇

Chapter Ⅷ 공부는 마라톤이다

Chapter Ⅸ 가정에서 할 수 있는 글쓰기 지도

Chapter I

생각해 보기

돌아보기

내 자녀에 대한 생각

❀ 나는 지금 내 자녀를 어떻게 키우고 있는가?

한번 생각해 보자.

나에게 한석봉이나 맹자를 맡겼다면 지금 내 자녀를 키우고 있는 이 방법대로 해서 과연 한석봉이나 맹자를 만들어낼 수 있을 것인가?

이러한 질문에 대하여 많은 부모들은 고개를 흔든다. 지금의 내 자녀를 키우고 있는 방법으로는 어렵다는 생각이 든다는 것이다. 그렇다고 내 아이를 한석봉이나 맹자처럼 키우고 싶은 욕심이 없는 것은 아니다. 다만 그것이 어렵다는 것이다.

그러나 부모로서 어려워도 그 일을 이루어야 한다. 그러기 위하여 어떻게 해야 할까를 다시 한 번 생각해 봐야 한다.

세상 일

다시 한 번 생각해 보자 .

세상에서 내 마음대로 할 수 있는 일이 몇 가지나 되며 내 마음대로 할 수 있는 사람이 누구인가? 내 배우자, 내 부모, 내 동생, 친척……. 누구를 내 마음대로 할 수 있는가?

그렇다면 내 아이는 내 마음대로 할 수 있을까?

내 마음대로 할 수 있다면 그 기간은 얼마나 될까?

자녀를 가르칠 수 있는 기간

내 자녀를 내가 마음대로 가르칠 수 있는 기간이 얼마나 될까?

대학생이 되면 부모가 마음대로 할 수 없을 것이고 중학생이나 고등학생 때까지 자녀를 마음대로 할 수 있을까?

초등학생 5~6학년만 되어도 부모 말을 듣지 않는다고 한다. 그렇다면 3~4학년 때까지다. 열 살 때까지라고 봐야 한다.

자녀교육은 열 살 이하에서 판가름이 난다.

그 짧은 기간에 내가 자녀를 위하여 해 줄 수 있는 일이 무엇일까? 공부를 다 가르쳐 줄 수 있는가? 성품을 바르게 잡아 줄 수 있는가? 과연 무엇을 해 줄 수 있는가?

자녀와 부모의 모순된 바람

학생들에게 물었다.

부모의 말 중에서 가장 듣기 싫은 말이 무엇인가?

첫째가 공부하라는 말이다.

부모에게 물었다.

자녀가 무엇을 가장 잘하기를 바라는가?

첫째가 공부 잘하는 것이다.

이것은 무엇인가?

창과 방패가 아닌가?

그럼 어떻게 하라는 것인가?

부모 입장에서 자녀에게 공부라는 말을 하지 않고 공부를 하도록 하는 방법은 없을까?

자녀와 부모의 격차

최근 초등학생들의 새해 계획을 보면 어른들과의 격세지감을 실감한다.

2012년 초의 모 초등학교 학생들의 새해 계획을 보면 하고 싶은 일은 다음과 같다.

◇ 다이어트 하기

◇ 이성 친구 사귀기

◇ 열심히 운동하여 몸짱 만들기

◇ 키 키우기

◇ 용돈 벌기

부모가 보면 이해가 가지 않는다.

공부를 열심히 한다든가, 취미나 특기 신장을 한다든가, 학교 생활을 성실히 한다든가, 부모님 말씀을 잘 듣는다든가 하는 말이 없기 때문이다.

아이들은 아이들이다.

그들에게 어른들이 생각하는 것을 기대하기는 어렵다.

그렇다고 새해 계획을 수정하여 공부를 열심히 하는 것을 삽입하라 말할 수도 없다. 억지로 부모가 원하는 것을 삽입한다면 무슨 효과가 있겠는가. 아이들이 왜 그런 계획을 세웠는지 이해하기 위해 노력해야 한다.

다시 한 번 생각해 보기

◇ 온종일 공부만 하는 아이는 과연 성공할 것인가?

◇ 자식에게 온통 매달려 있는 부모는 바른 삶을 살아가고 있는 것인가?

물고기 잡아주기의 교훈

물고기 잡는 방법을 가르쳐라?

나는 지금 물고기를 잡아다 주는가, 잡는 방법을 가르쳐 주고 있는가?

물고기를 잡아다 주지 말고 잡는 방법을 가르치라고 한다.

그러나 다시 한 번 생각해 보자.

나는 물고기 잡는 방법을 알고 있는가. 물고기 잡는 방법에 대해 알고 있다면 몇 가지나 되는가. 물고기의 종류가 몇 가지이며 물고기에 따라 잡는 방법이 각각 다를 텐데 내가 알고 있는 방법은 몇 가지나 되는가. 과연 나는 물고기 잡는 방법을 가르쳐 줄 수 있는가.

내가 물고기 잡는 방법을 가르쳐 줄 때에 아이는 내 말을 열심히 들을 것인가. 아이가 듣고 있지 않거나 듣기 싫어하면 어떻게 할까.

물고기 잡는 방법을 가르쳐 주라는 말도 이제는 옛날 방법이 되었다.

그럼 어떻게 해야 하는가?

물고기를 탐내게 하라

❀ 오뉴월 한낮에 운동장에서 축구하는 아이들

여름방학이 가까워 오는 7월 중순 한낮에 운동장에서 축구를 하는 아이들이 있다. 키가 작은 1학년 아이들이다.

아침 선선할 때는 5, 6학년 아이들이 운동장을 차지하니까 5, 6학년이 운동장에 나오지 않는 한낮에 운동장으로 나오는 것이다. 땀을 뻘뻘 흘리면서 축구를 한다. 더워서 어떻게 하느냐고 물었더니 괜찮다는 것이었다. 행여나 더우니까 축구하지 말라고 할까 봐 하나도 안 덥다고 말한다.

그들에게 더위 따위는 염두에 없다. 그저 축구를 할 수 있는 기회가 주어졌다는 것에 신이 나는 것이다.

이것이다.

1학년 아이들이 여름 한낮에 운동장에서 축구를 하듯이 자기가 하고 싶은 일은 어떻게든지 한다. 가르쳐 주지 않아도 그들 스스로 방법을 찾아서 한다. 하고 싶은 욕구만 일어나면 스스로 노력을 한다. 그리고 그 열정을 다른 사람들이 따라갈 수 없다.

물고기를 탐내게 해 주어야 한다.

물고기가 탐이 나면 자기가 물고기 잡는 방법을 알려고 노력한다. 물고기를 어떻게 잡느냐고 물어온다. 그때에 가르쳐 주면 정신을 집중하여 듣는다. 가르쳐 주지 않아도 다른 사람에게 물어보고 서적을 뒤적이고 인터넷을 검색하게 된다. 그리고 어떻게든지 물고기를 잡으려 한다.

부모가 해 줄 일은 물고기를 보여 주는 일이다. 물고기에 대하여 탐내는 마음을 갖게 하는 것이다. 거기까지만 도와줘도 된다. 그 다음 일은 자녀에게 맡기면 된다. 물고기에 대한 관심이 없는 아이는 다른 것을 보여주어야 한다. 이것 저것 경험을 갖게 하는 것이 부모의 할 일이다. 그래서 다양한 현장체험 학습이 필요하다.

에디슨의 천재에 대한 말의 이해

에디슨의 말 가운데 천재에 대한 말이 있다.

"천재는 99%의 노력과 1%의 영감으로 이루어진다."

여기에서 주목해야 할 말은 1%의 영감이다. 흔히들 노력만 열심히 하면 이루어진다고 생각하는데 그게 아니다. 1%의 재능이 있는 곳에다 노력을 쏟아야 한다. 김연아가 스케이트에서 성공했다고 우리 아이도 지금부터 스케이트를 열심히 가르쳐야겠다고 생각한다면 이것은 잘못이다. 자녀를 위해 부모가 해 줄 일은 재능과 소질을 찾아주는 일이다.

아이를 앞세우는 사람과 앞에서 끌고 가는 사람

대부분의 부모들은 아이들을 앞에서 끌고 간다.

그래서 아이의 행동을 제대로 보지 못하고 자기를 따라오지 않는다고 한다. 생활계획이나 학습계획을 부모가 세워준다.

학교에서 돌아오면 이것 이것을 해놓고 학원은 어디 어디를 가며 텔레비전이나 컴퓨터는 얼마 동안만 하라고 한다. 아이는 엄마가 시키는 대로만 하면 된다고 생각하고 그렇게 하면 잘했다고 칭찬을 받게 된다.

그러나 이것이 과연 좋은 방법인가 생각해 보아야 한다.

때로는 아이가 앞에 가도록 하고 아이의 뒤를 따라가 봐야 한다. 아이가 가는 길을 따라가 보면 아이가 잘못 가고 있는 것이 보인다. 그때에 바르게 잡아줘야 한다.

❊ 부모가 자녀에게서 가장 듣고 싶은 말

부모가 자녀에게서 가장 듣고 싶은 말은 무엇일까?

"엄마와 아빠의 자녀가 되었다는 것이 자랑스러워요."

"엄마와 아빠를 보면 공부를 열심히 해야겠다는 생각이 들어요."

이 말보다 더 듣고 싶은 말이 또 있을까?

이 말 속에는 많은 의미가 숨겨져 있다.

❀ 자녀가 부모에게서 가장 듣고 싶은 말

자녀들은 부모에게서 어떤 말을 가장 듣고 싶어할까?

"너를 보면 내 마음이 즐거워져."

"너를 보면 아무리 어려운 일이라도 참고 견딜 수 있어."

이 말보다 더 좋은 말이 있을까?

부모나 자식이나 상대방에게 존경받는 존재가 되었을 때 가장 보람을 느낀다.

내 자녀의 학습상황

천재 시절

※ 천재였던 내 아이의 어린 시절

"초등학교 1학년 때엔 100점을 그리도 잘 맞더니……."

"전에는 올백도 하고 1등도 하더니……."

초등학교 1학년 때 1등을 하고 올백을 맞은 아이의 부모가 그 뒤로 할 일은 어떤 일인가?

계속하여 올백이나 1등을 유지하기 위해 아이를 닦달하여야 하고 부모가 매달려야 한다. 그러나 그것이 끝까지 이어지기는 어렵다. 대부분의 아이들이 고학년에 올라가면 하향곡선을 그리기 시작한다. 그리고 그 곡선은 중 · 고교로 이어진다.

❀ 이상적인 학습 곡선

저학년 때에 공부를 잘 못하거나 보통으로 하던 아이가 고학년 때에 상승곡선을 그리기 시작하면 그 곡선이 중 · 고교로 이어진다. 어쩌면 평생을 갈 수도 있다.

그러므로 저학년 때 성적이 상위권이 아니라고 해서 걱정할 필요는 없다. 제 힘으로 상위권에 오르는 아이야 격려하고 북돋아 주어야 하지만, 억지로 부모가 끼고 앉아서 상위권을 만들어 낼 필요는 없다는 것이다.

❀ 공부와 마라톤

마라톤에서는 처음 출발할 때에 앞섰다고 해서 골인할 때 1등으로 들어오는 것이 아니다. 대부분의 마라톤 경기에서 보면 처음 앞장섰던 선수들은 곧 지치고 만다. 처음에는 숨을 고르고 컨디션을 조절해야 한다. 골인 지점에서 1등으로 들어갈 수 있도록 준비하는 것이다.

초등학교 1학년 때부터 1등을 요구하거나 올백을 요구하는 부모는 마라톤에서 출발하자마자 맨 앞으로 나가라고 강요하는 사람과 같다. 처음에는 컨디션을 조절하고 멀리까지 달릴 수 있도록 몸을 풀어야 하는데 무리하게 앞장서라고 하면 얼마 못 가서 지치고 만다. 처음에 앞장섰다고 계속 앞장서서 달릴 수 있는 것은 아니다.

※ 부모와 자식

부모와 자식은 하늘이 맺어준 관계다.

이 세상 어떤 사람과의 관계와도 다른 특별한 관계다.

일심동체(몸과 마음이 하나)라는 부부도 헤어지면 남남이 된다. 그러나 부모와 자식은 헤어져도 남이 되지 않고 부모와 자식으로 남는다. 그러므로 어떠한 경우라도 내 자식이 잘 되도록 돌봐야 하고 가르쳐야 한다. 아무리 미운 짓을 해도 미워할 수 없고 아무것도 잘한 것이 없어도 미워할 수 없다.

"너는 내 자식 아니다."

이렇게 말한 사람도 자식과의 인연을 끊을 수 없고 부모와 자식이다. 그러므로 어떠한 경우라도 내 자식이요, 내 부모나.

어떻게 하든지 내 자식을 잘 키워놓아야 한다.

※ 나는 지금 내 자녀를 어떻게 키우고 있는가

♤ 과다한 자녀 교육비

어느 전문가의 연구결과

자녀 한 명을 교육시키는 데 드는 비용 : 2억 6천만 원

자녀가 두 명이면 5억 2천만 원

자녀가 세 명이면?

♤ 공부하라는 말을 할 수 없는 부모

설문조사 결과

◇ 어린이들을 대상으로 한 설문조사

- 부모가 하는 말 중 가장 듣기 싫은 말은 무엇인가?
- 공부해라.

◇ 부모를 대상으로 한 설문조사

- 자녀에게 바라는 것 중 가장 중요한 것은 무엇인가?
- 공부 잘하는 것.

♤ 어떻게 해야 할까?

자녀는 가장 듣기 싫은 말이 공부하라는 말이고 부모가 가장 원하는 것은 공부 잘하는 것이라고 하니 이를 어찌하면 좋을까.

그래도 자녀들에게 공부하라는 말을 해야 할까.

공부하라는 말을 하지 않고 공부를 잘하게 하는 방법은 없을까.

♤ 자녀의 눈치를 봐야 하는 부모

옛날 사람들은 늙어서 죽을 때까지 자식으로부터 효도를 받았다는데…….

부모의 말이라면 복종을 했고 나도 어렸을 때에 부모 말씀을 잘 들었는데…….

지금 내 아이는 어떠하며 앞으로 내 말을 잘 듣고 효도할 것인가…….

내 자녀 바르게 알기

❈ 나는 어떤 부모인가

나는 내 자녀에 대하여 얼마나 알고 있는가?

나는 내 자녀에 대하여 모든 것을 다 알고 있다고 생각하는 사람들이 의외로 많다. 임신했을 때에 뱃속에서 열 달 동안 배냇짓하던 일까지 다 알고 있다고 생각하는 사람들이 많다.

그러나 냉정하게 다시 한 번 생각해 보자.

♤ 고슴도치와 독수리 이야기

한 나무를 두고 나무 위에서는 독수리가 살고 있었고 나무 아래에서는 고슴도치가 살고 있었다. 고슴도치는 행여 독수리가 자기 새끼를 잡아먹을까 걱정이 되어 독수리에게 자기 새끼는 잡아먹지 말아달라고 부탁을 했다.

그러자 독수리가 새끼가 어떻게 생겼느냐고 물었다. 고슴도치는 자기 새끼는 이 세상에서 가장 예쁘게 생겼다고 대답하였다.

며칠 후, 외출에서 돌아와 보니 새끼들이 무참하게 죽어 있고 빈 껍질만 남아 있었다. 고슴도치는 독수리의 소행이라 생각하고 독수리에게 항의했다.

내 새끼는 잡아먹지 말아달라고 그렇게 부탁을 했는데 이렇게 잡아먹어 버렸으니 그럴 수가 있느냐고 따졌다. 그때에 독수리가 말하였다.

"이 어리석은 자야, 새끼를 가르쳐 줄 때에 제대로 가르쳐 주었어야지. 그게 이 세상에서 가장 예쁜 것들이냐? 제대로만 가르쳐 주었더라면 내가 잡아먹지 않았을 것 아니냐?"

혹시 내 아이에 대하여 고슴도치처럼 알고 있는 것은 아닌가?

♤ 뻐꾸기와 할미새

뻐꾸기는 집을 짓지 않고 다른 새의 둥지에 몰래 알을 낳아 놓는다. 그러면 다른 새가 알을 품어 새끼를 깨운다. 그러면 뻐꾸기 새끼는 본래 새의 새끼나 알을 다 밀어내고 저 혼자서 어미의 먹이를 받아먹으면서 자란다.

제 새끼가 아닌 것이 제 새끼들을 둥지에서 밀어내고 있는데도 그것을 바라만 보고 있는 무심한 멧새나 할미새가 내가 아닌가.

내 아이가 분명히 이대로 가면 안 될 것이라는 것을 알면서도 그대로 두고 보고 있지는 않는가.

내 아이가 게으름을 피우고 공부를 하지 않는데 나중에 잘 하겠지 하고 바르게 잡아주지 않고 있지는 않는가.

❀ 뻐꾸기가 알을 낳는 대상의 새들

멧새, 붉은빰멧새, 노랑할미새, 알락할미새, 힝둥새, 종달새 등등.

♤ 개에게 밥 떠먹여 주는 사람

♡ 세상에 이런 일이

모 방송국의 인기 프로그램인 〈세상에 이런 일이〉에 이런 사람이 나왔다.

끼니때가 되면 개는 소파에 벌러덩 드러누워 있고 주인은 개에게 먹이를 떠먹여 주는 것이었다.

주인의 말로는 그렇게 하지 않고 먹이를 가져다 주면 개가 먹이를 먹지 않기 때문에 어쩔 수 없이 한다는 것이었다. 그것도 전에는 그렇지 않았는데 개가 병이 나서 몇 번 그렇게 해 주었더니 으레 그렇게 해달라고 해서 그렇게 한 것이 이제는 버릇이 되었다는 것이었다. 과연 이 주인의 행동은 옳은가.

혹시 나는 내 자녀에게 개에게 밥 떠먹여 주는 일을 반복하고 있는 것은 아닌가. 아무런 의미도 보람도 장래성도 없는 일을 일시적으로 아이의 비위를 맞추기 위하여 계속하고 있지는 않는가.

♤ 미운 오리새끼

제 새끼하고 모양이 다른데도 제 새끼인 줄만 아는 오리.

백조가 되어 어미오리에게는 말 한마디 없이 훨훨 날아가 버리는 무정한 백조. 나는 내 아이에 대하여 어미오리처럼 그렇게 알고 있는 것은 아닌가. 내 아이가 어느 날, 백조처럼 훨훨 날아가 버리는 것은 아닌가.

♤ 자녀에 대한 충격

♡ 등산길에서 만난 아이

집에서는 어머니의 일을 하나도 도와주지 않는 아이가 있었다.

처음부터 어머니가 아이들에게는 아무런 일을 시키지 않았다. 그냥 공부만 열심히 하라고 했다. 그러다 보니 아이들은 아예 집안일은 안 해도 되는 것으로 알고 부모의 일을 거들어 줄 생각을 하지 않았다.

어느 날, 어머니가 친구들하고 등산을 갔다. 저만치에서 어떤 남자애가 앞뒤로 두 개의 배낭을 메고 가고 있었다. 그 뒤를 여자친구가 맨손으로 따라가고 있었다. 저 녀석 좀 보라고 웃으면서 갔다. 그런데 그 남자애의 자태가 어딘가 모르게 낯익었다. 가까이 가서 보니 그게 바로 자기 아들이었다. 땀을 뻘뻘 흘리면서 여자친구 배낭까지 메고 가는 아이가 자기 아들임을 알았을 때 이 어머니는 기가 막혔다.

세상에 이럴 수가…….

집에서는 내 일을 하나도 도와주지 않던 아이가 저렇게 여자친구를 위해서는 땀을 뻘뻘 흘리면서 배낭을 두 개나 메고 산을 오르다니…….

맥이 탁 풀리더라는 것이다.

내 아이도 그런 아이가 아닐까? 내 아이만은 그렇지 않을 거라는 장담을 할 수 있는가?

♡ **만유인력과 사과**

뉴턴의 만유인력에 대하여 열심히 설명하고 있었다.

"뉴턴은 사과나무에서 사과가 떨어지는 것을 보고 만유인력을 발견했단다."

그랬더니 아이가 이렇게 묻는 것이었다.

"그런데 엄마, 그 사과나무에서 떨어진 사과는 누가 먹었어요?"

♡ **동물원의 사자**

동물원에 간 아빠가 사자에 대하여 설명을 하고 있었다.

"저 사자는 무서운 동물이란다. 저 사자가 우리를 벗어나 밖으로 나오면 아빠를 잡아먹을지도 몰라."

그러자 아이가 심각하게 질문했다.

"그럼 나는 누구하고 집으로 돌아가요?"

이럴 때 어떻게 해야 할까?

무작정 화가 나고 섭섭한 생각만 하고 있을 것인가.

눈 딱 감고 그러려니 하고 자위하고 있을 것인가.

내 아이는 그런 일에서 예외이고 그런 일은 일어나지 않는다고 생각하면 안 된다. 내 자식도 그럴 수 있다고 생각하여야 한다.

정말로 그런 일이 일어난다면 거기에 대한 해답을 알려주는 것이 좋지 않을까?

아이가 이성에 눈을 뜨게 되었고, 사과에 대하여 관심이 있고, 집에 돌아가는 것을 걱정한다는 생각을 하여야 한다.

그리고 여자친구에 대한 매너를 갖추며 사과에 대하여 공부를 하게 하고 사자가 아빠를 잡아먹는 사태가 발생한다면 그 자리에서 울다가 길을 잃는 것보다 집으로 돌아갈 궁리를 하게 하는 것이 낫지 않을까?

> "
> *불행을 기회로*
> *위기를 기회로*
> "

불행은 언제나 오는 것이 아니다.

누구에게나 오는 것이 아니다.

그것이 하필 나에게, 우리 가족에게 왔을 때 어떻게 할 것인가?

각오를 하고 있어야 한다.

그때는 다른 세상을 살아보는 것이다.

지금까지와는 다른 억센 세상을 살아보는 것이다.

아무려면 헬렌 켈러보다는 나을 것이라는 생각을 가지고 이를 극복해 나갈 각오를 하여야 한다.

에디슨이나 베토벤도 귀가 들리지 않는 귀머거리였다.

그들은 그것을 자기의 일에 몰두하는 데 이용했다.

에디슨은 세상소리를 듣지 못하였기 때문에 연구에 몰두할 수 있었다고 한다.

베토벤은 세상소리를 듣지 못하였기 때문에 영혼의 소리를 들을 수 있었다고 한다.

❀ 나의 생각 바꾸기

내 아이만은 절대로 그렇지 않을 것이다.

⇒ 내 아이도 그럴 수 있다.

내 자녀 냉정하게 바라보기

❀ 내 자녀가 행복하게 사는 때

진정으로 내 자녀가 잘되기를 원하고 행복해지기를 바라는가?

언제? 지금? 성인이 되었을 때에?

내 자녀가 지금 행복해지기를 바란다면 내가 다 해 주면 된다.

먹고 싶은 것 다 먹으라고 갖다 주고, 가지고 싶은 것 다 사 줄 수 있다. 공부하기 힘들어 하니까 공부하지 말고 놀라고 할 수 있다.

그러나 과연 그렇게 하는 것이 자녀가 행복하게 사는 방법인가.

내가 내 자녀를 더 이상 도와주지 못하게 될 때, 그때에 내 자녀가 혼자서 잘 살아가게 하기 위하여 지금 부모가 고생을 하고 자녀도 고생을 시키는 것이다.

그 방법 중에 하나가 지금부터 자립심을 길러주는 것이다. 스스로 공부하고 스스로 문제를 해결하기 위한 기반을 닦아주는 것이다. 나아가서 세상을 살아가면서 닥치는 일에 대하여 스스로 해결방법을 찾도록 교육과 훈련을 시키는 것이다.

❀ 내 자녀에게 해 줄 수 있는 것

내 자녀에게 해 줄 수 있는 것이 무엇인가?

공부를 다 가르쳐 줄 수 있다고 생각하는가.

인격을 다 형성시켜 줄 수 있다고 생각하는가.

아니면 자녀가 요구하는 사항을 다 들어줄 수 있는가.

그러다가 요구사항이 점차 많아져서 힘겨울 때는 어떻게 할 것인가? 하늘의 별을 따다 달라고 하면 어떻게 할 것인가?

부모가 자녀를 위하여 할 수 있는 일이 무엇인가 생각해 보자.

중학생부터는 학습을 지도하기가 어렵다. 그때부터 좋지 않은 습관을 고쳐 준다는 것도 어렵다.

어느 학부모가 하소연을 하였다. 지금 자녀가 중학생인데 부모로서 해 줄 수 있는 일이 먹이고, 입히고, 학원비 대주고, 차 태워다 주는 것 뿐이라는 것이다.

그때부터는 자녀 스스로 공부를 해나가야 한다. 부모의 '공부 열심히 해라, 게으름 피우지 마라.' 하는 말들이 통하지 않기 때문이다. 너무도 당연한 말이어서 오히려 잔소리로 들릴 수 있기 때문이다.

그러기 전에 혼자서 공부하는 습관이 들도록 지도해야 한다. 그때가 초등학교 시절이다.

※ 언제까지 도와줄 수 있는가

내가 내 자녀를 언제까지 도와줄 수 있는지 생각해 보자.

어렸을 때에는 무엇이든지 다 도와줄 수 있다. 초등학생 때는 공부를 가르쳐 줄 수 있다. 중학교나 고등학교에 다닐 때에 내가 자녀를 위하여 할 수 있는 일이 무엇일까?

먹여주고 입혀주고 학교 데려다 주고 학원비 주고…….

그럼 내 마음대로 할 수 있는가?

몇 학년 때까지 가능한가?

초등학교 때에도 고학년이 되면 내 마음대로 할 수 없다.

그렇다면 극히 짧은 몇 년 동안이다. 어림잡아 10년 정도다. 그동안에 나는 무엇을 해 줄 수 있는가?

그 기간에 내가 해 줄 수 있는 것을 해 줘야 한다. 나중에는 해 주지 않더라도 혼자서 살아갈 수 있는 방법과 기능을 갖도록 하는 것이다.

◇ 인생살이의 기본이 되는 좋은 습관 하나 만들어 주자.
◇ 학습의 기본이 되는 독서 습관을 들여 주자.

※ 아침마다 고등학생을 깨우는 부모

아침마다 깨워야 일어나는 고등학생의 부모는 무엇이 잘못된 것인가? 언제까지 그렇게 해 줄 것인가? 그리고 그 아이가 혼자서 성공할 수 있을 것인가?

그 부모에게 해 줄 한마디가 있다.

"열흘만 지각을 시키세요."

✻ 가르치는 것과 배우는 것의 차이점

초임 교사들이 학급을 맡은 첫해의 5월 중간고사를 치르고 나서 눈을 크게 뜬다. 고개를 갸우뚱 한다. 자기가 맡은 반의 평균이 95점은 나오리라고 생각했는데 60점도 못 나왔다는 것이다.

"제가 다 가르쳐줬는데 왜 이런 결과가 나올까요?"

가르치는 것과 배우는 것은 다르다. 가르치는 대로 다 배우는 것이 아니다. 많이 가르친다고 많이 배우는 것이 아니다.

그러므로 가르치는 사람 중심이 아닌 배우는 사람 중심의 학습이 이루어져야 한다.

그러려면 먼저 배우는 사람의 현재 학습실태를 파악해야 한다.

어느 정도의 학습이 되어 있는지, 그리고 학습태도나 학습습관은 어떤 상태인지 파악해야 한다.

현재의 학습상황에서 출발해야 하기 때문이다.

이럴 때에 가르치는 사람이나 배우는 사람이나 솔직할 필요가 있다.

솔직해야 현재의 학습상황을 제대로 파악할 수 있기 때문이다.

현재의 학습상황에서 학습방법과 학습의 양을 결정해야 한다. 그리고 학습자의 학습에 대한 인식이나 학습습관을 알아야 그에 맞는 학습을 진행할 수 있다.

흔히 부모들은 자녀들의 학습실태를 제대로 파악하지 못하고 있다. 선생님들도 구태여 잘못한 점을 들추어 부모에게 알려주려 하지 않는다.

내 자녀에 대하여 정확히 알려면 내 자녀와 마음을 터놓고 솔직하게 이야기를 나누어야 한다.

Chapter II

내 자녀 잘 가르치기

좋은 부모와 훌륭한 부모

어떤 부모가 될 것인가

좋은 부모와 훌륭한 부모는 다르다. 좋은 부모가 반드시 훌륭한 부모는 아니다.

좋은 부모란 아이를 편안하게 해 주는 부모다. 좋은 부모는 아무나 될 수 있다.

훌륭한 부모란 아이가 세상을 혼자서 잘 살아갈 수 있도록 가르쳐 주고 훈련하는 부모를 말한다. 훌륭한 부모는 아무나 될 수 없다.

어떤 부모가 될 것인가?

물론 두 가지를 다 잘하는 부모가 된다면 그보다 더 좋을 수가 없을 것이다.

그러나 그것은 어려운 일이다.

우선 좋은 부모가 되기 위해서는 아이를 편하고 즐겁게 해 주어야 한다. 그러나 아이의 장래를 생각하면 그렇게 놓아둘 수는 없다. 언제까지나 뒤를 보살펴 줄 수도 없다.

아이의 장래를 생각한다면 우선은 힘들고 고통스러워도 아이를 훈련해야 한다.

과연 나는 어떤 부모가 될 것인가?

성공한 사람들의 부모

성공한 사람들의 부모들은 자식을 어떻게 키웠는지 살펴보자.

좋은 부모 쪽이었는지 훌륭한 부모 쪽이었는지 생각해 보자.

♤ 에디슨의 어머니

학교에서 수업능력 저하로 집으로 보내진 에디슨을 어머니는 세계적인 발명왕으로 만들었다. 내 아들이 에디슨처럼 수업 불가능으로 낙인 찍혀 왔을 때에 나는 어떻게 하였을 것 같은가?

그때에 내가 할 일은 무엇이겠는가?

사실 에디슨은 난독증 증세가 있었다.

지능이나 행동에는 이상이 없는데 책을 읽을 때에 문장을 제대로 붙여서 읽지 못하는 증세가 난독증이다.

책을 제대로 못 읽는다고 생각한 담임선생님은 수업능력 저하로 생각한 것이다. 그것을 어머니는 잘 극복하고 과학자로 길러냈다.

♤ 오바마의 어머니

오바마의 어머니 스탠리 앤 더햄은 오바마를 데리고 새로 결혼한 남편을 따라 인도네시아로 갔다. 당시에 인도네시아에는 수하르토가 군사혁명을 일으켜 국비로 해외에 나가 있는 유학생들을 모두 본국으로 소환했다. 그때에 오바마의 어머니도 남편을 따라 인도네시아로 온 것이다.

오바마의 어머니 더햄은 생각했다. 지금은 오바마가 인도네시아에서 살고 있지만, 장차 미국에 가서 살 아이다. 그렇다면 영어를 잘해야 한다. 영어공부를 시키자.

그래서 여섯 살의 어린 오바마를 새벽 4시에 깨워 아침에 세 시간씩 영어공부를 시켰다. 그리고 미국의 생활에 대하여 교육을 시켰다.

후에 미국으로 돌아온 오바마는 생활에 아무런 지장을 받지 않았다.

♤ 오바마의 아버지

오바마의 새 아버지 롤로 소에토르는 인도네시아에서 오바마가 아이들에게 맞고 오자 '너 스스로를 보호할 줄 알아야 한다.'라며 오바마에게 권투글러브를 주면서 권투를 가르쳐 주었다. 한 번의 수난을 기술로 극복하도록 방법을 열어준 것이다.

소에토르는 오바마가 묻는 말에 무엇이든지 친절하게 가르쳐 주었다. 무엇이든 알아야 한다며 타이어 갈아 끼우는 방법까지 가르쳐 주었다.

♤ 한석봉의 어머니

한석봉의 어머니는 자식의 공부를 위하여 석봉이를 멀리 보냈는데 밤중에 집으로 돌아왔다. 공부를 다 마쳤다는 석봉이의 말에 불을 끄고 글씨를 쓰도록 한 뒤, 그 밤으로 다시 쫓아 보냈다.

보통 사람들과 다른 점은 무엇인가?

대부분의 사람들은 이렇게 말할 것이다.

"오늘 밤은 여기서 자고 내일 아침 일찍 길을 나서 돌아가거라."

♤ 맹자의 어머니

맹모삼천지교는 그냥 만들어진 말이 아니다. 그냥 이사만 세 번 한 것이 결코 아니다.

맹자의 어머니가 베틀에 앉아 베를 짜고 있는데 맹자가 돌아왔다.

공부를 마쳤느냐고 물었더니 공부를 마치지 않았는데 어머니가 보고 싶어서 돌아왔다는 것이었다.

그 말을 들은 맹자의 어머니는 가위를 들고 짜고 있던 베의 실날들은 싹둑 잘라버렸다.

그리고 이렇게 말했다.

"네가 공부를 하다 말고 돌아온 것은 내가 베를 짜다 말고 가위로 잘라버리는 것과 같다."

♤ 어느 시골 어머니

어느 시골에 사는 어머니가 아이를 도시의 중학교로 보내게 되었다. 아이를 도시로 떠나보내면서 어머니는 이렇게 울먹였다.

"공부만 아니면 너를 멀리 보내지 않아도 되고 나와 함께 살아도 되는데 공부를 해야 하기 때문에 너를 멀리 보낼 수밖에 없구나."

이 아이는 공부 때문에 부모를 떠나 멀리 가야 한다는 말이 늘 생각났다. 공부라는 것이 중요한 것이라는 것을 알게 되었다. 그래서 공부를 게을리 할 수 없었다고 한다. 이 아이는 어머니의 말을 생각하면서 공부를 열심히 했다.

♤ 김연아의 어머니

김연아가 처음에는 피아노를 배웠다. 피아노 연습을 하다가 잠시 휴식을 위해 스케이트장에 갔다. 그런데 스케이트를 아주 신 나게 타는 것이었다. 집에 가자고 해도 '조금만 더, 조금만 더.'를 연발하면서 스케이트 타는 데 몰두했다. 그때 어머니는 '저 애가 스케이트 타는데 소질이 있는 게 아닌가.' 하는 생각이 들어 진로를 변경하였다.

자녀에 대한 멘토

가장 좋은 멘토

자녀에 대하여 가장 좋은 멘토는 부모다. 자녀의 모든 것을 잘 알고 있기 때문이다. 따라서 부모가 나서서 멘토의 역할을 하여야 한다.

♤ 말 잘 하기

자녀에게 좋은 멘토가 되기로 결심한 부모가 다음과 같이 말한다면 어떤 결과가 나올까?

"오늘부터 우리 마음을 열고 진지하게 대화를 해 보자. 너 도대체 불만이 뭐냐? 솔직하게 말해 봐."

그럴 경우 대답은 안 할지 모르지만, 속으로는 이렇게 말하고 있을 것이다.

'너나 잘 하세요.'

태도를 바꾸어서 이렇게 말해 보면 어떨까?

"어머, 너 얼굴이 환하게 폈구나. 오늘 좋은 일 있었니?"

"좋은 일 없었는데요."

"그러니. 그럼 좋은 일이 있으려나 보다."

"정말 그러려나. 기대해 볼까?"

다음 날, 아이를 본 엄마가 이렇게 말했다.

"너 어제 내가 말했지? 학교 갔다 와서 엄마를 보면 밝은 얼굴로 인사하라고. 그런데 왜 안 해. 그러면 못써. 내일부터는 꼭 반갑게 인사하도록 해. 알았어?"

'너나 잘 하세요.'

태도를 바꾸어 이렇게 말해 보면 어떨까?

"○○야, 방가 방가!"

"어? 엄마가 우리들이 쓰는 용어를 쓰네. 뭔가 통하겠는 걸."

♤ 부모로서 좋은 멘토 되기

멘토는 가르치는 사람이라는 생각을 버리고 돕는 사람임을 인식해야 한다. 멘토는 상호작용을 하는 사람이다. 즉, 주고받는 것이다.

공자 말씀

세 사람이 걸어가면 두 사람의 스승을 발견한다.

나보다 나은 사람에게서는 배울 것이요, 나보다 못한 사람은 반성 자료로 삼을 것이다.

자녀와 소통하는 방법

❊ 오바마 미국대통령의 대화 기법

오바마 미국대통령은 집에서 TV를 보다가 부인이 말을 하면 TV를 끄고 부인 앞으로 가서 이렇게 말한다고 한다.

"내가 TV 때문에 잘 못 알아들었는데 다시 말해 줄 수 있소?"

내가 오바마의 부인이라면 어떤 생각이 들까? 그리고 오바마에게 할 말이 있을 때 어떤 태도로 말을 할까?

그는 부인에게만 그러는 게 아니고 자기를 대하는 모든 사람들에게 그렇게 하기 때문에 오바마 미국대통령하고 대화를 나눈 사람은 누구나 그의 팬이 된다는 것이다.

생각해 보자.

미국이라는 나라는 흑인에 대한 백인의 감정이 아직도 차별로 잠재해 있는 나라다. 백인우월주의가 존재하고 있는 나라다. 그리고 흑인의 수가 백인의 수보다 많은 것도 아니다. 그런 나라에서 흑인이 대통령에 당선된다는 것은 다수의 백인의 지지가 없이는 이루어질 수 없는 것이다. 많은 백인들이 오바마를 지지했다는 결론이다. 무엇이 백인들의 마음을 끌어당겼을 것인가?

바로 상대방의 이야기 잘 들어주기다.

♤ 상대방의 말 귀담아 듣기

듣기는 말하기보다 먼저 이루어지는 가장 중요한 대화의 과정이다. 듣기가 제대로 이루어져야 상대방을 이해하고 상대방의 말을 잘 알아 들으며 내가 하고 싶은 말도 잘 할 수가 있다.

♤ 적극적인 경청

좋은 대화는 그냥 잘 듣고만 있는 게 아니고 상대방의 마음을 읽어 반응해 주는 것이다.

"아, 그랬었구나."

"그래서 어떻게 되었어?"

"그래. 나라도 그렇게 하겠다."

"너는 ~이라고 생각하고 있구나."

"네가 한 말은 ~이구나."

♤ 일본에서 시집온 며느리의 사례

일본에서 시집온 며느리를 맞이한 시아버지가 일제강점기 때 강제징용을 당해 북해도 탄광에 가서 고생한 이야기며 북해도에서 시모노세키까지 걸어서 온 이야기를 하면서 일본에 대하여 울분을 터트리고 있었다. 그때에 일본에서 온 며느리는 연신 고개를 숙이면서 '죄송합니다.'를 연발했다.

가족이 모이는 명절이나 집안 행사 때마다 이런 일이 벌어졌다.

그러다가 얼마가 지나자 시아버지가 이렇게 말하는 것이었다.

"다른 며느리들은 가서 음식 장만하고 막내며느리 너는 이리 와서 나하고 이야기를 하자. 지금까지 내 이야기를 가장 잘 들어 주는 사람이 바로 너다."

적극적인 경청의 방법

◇ 재진술 : 상대방의 말을 그대로 다시 한 번 따라해 주기

◇ 반영 : 상대방의 대화 속에서 드러나는 감정을 상대방에게 다시 보여주는 것

◇ 요약 : 상대방의 말 중에서 핵심적인 내용을 간략하게 정리해 주는 것

◇ 명료화하기 : 상대방의 말 중에서 애매모호하고 혼동되는 내용을 명료하게 정리해 주는 것

상대방으로부터 호감을 얻는 방법

◇ 상대방에게 집중하라.

◇ 상대방은 나와 다름을 인정하라.

◇ 상대방의 이야기에 귀를 기울이고 들으면서 요약하라.

◇ 질문을 효과적으로 하여 다양한 답이 나오도록 하라.

◇ 기회가 있을 때마다 칭찬하라. 칭찬거리는 누구나 가지고 있다.

부추김

❀ 내 아이를 행복한 아이로 만들어 주자

내 아이를 행복한 아이로 만들어 주자.

공부에 대해서도 행복한 아이로 만들어 주자.

지금 내 아이가 현재 상태에서 행복한 출발을 할 수 있도록 해 주자. 할 수 있는 일을 하도록 하고 할 수 없을 때는 왜 할 수 없는지 점검하여 할 수 있다는 신념을 심어주고 새롭게 출발할 수 있도록 해 주자.

지금 내 아이가 성적이 좋지 않다 하더라도 공부에 대하여 행복한 아이로 만들어 줄 수 있다. 성적을 올리는 것이 행복한 것이 아니라, 아이가 좋아하는 공부를 하게 하는 것이 즐겁고 행복한 것이다. 먼 장래에 아이의 인생을 위해 공부를 해야 한다는 생각을 갖게 해 주자.

지금 내 아이가 공부를 잘하고 있으면 그것이 세상을 살아가는 데 도움이 되고 행복이 된다는 것을 알게 해주자. 그리고 그것을 바라보는 부모도 함께 행복하다는 것을 알게 해 주자.

자녀가 공부하는 것을 애태우고 불안하게 바라보지 말고 행복하게 바라보자. 그리고 자녀가 그것을 알게 하자. 지금은 성적이 좋지 않지만, 머지않아 좋은 성적이 나오리라 기대한다고 하자. 성인이 되면 세상에 공헌할 것을 믿는다고 말하자.

◇ 너는 무언가 세상 사람들과 다른 점이 있다.

◇ 너는 무언가를 이룰 사람이다.

◇ 너는 다른 사람에게 도움이 될 사람이다.

◇ 너는 창의적인 생각을 잘 해내니까 이 문제를 꼭 해결할 수 있을 것이다.

격려와 위로

❀ 내가 그의 이름을 불러주었을 때

김춘수의 시 가운데 〈꽃〉이 있다.

내가 그의 이름을 불러 주기 전에는
그는 다만
하나의 몸짓에 지나지 않았다.
내가 그의 이름을 불러 주었을 때
그는 나에게로 와서
꽃이 되었다.

그렇다. 내가 그의 이름을 불러주어서 꽃이 된 사람이 많다.

내 아이의 이름을 불러 주자.

사랑의 마음으로 불러 주자.

믿음의 이름으로 불러 주자.

희망의 이름으로 불러 주자.

내 자녀를 내가 사랑과 믿음과 소망을 담아서 진정으로 이름을 불러 주었을 때에 내 자녀는 나에게 꽃이 될 것이다.

❀ 권투선수 슈가레이와 육상선수 조이너스

88올림픽 여자육상에서 금메달 3개와 은메달 1개를 따 4관왕이 된 조이너스. 그는 12남매 중 11번째로 아무런 재주도 없고 소망도 없는 말라깽이였다.

그가 우연히 권투선수 슈가레이의 눈에 띄어 한마디를 듣게 되었다.

"얘, 너 달리기라도 열심히 하여 보렴."

그 말을 좇아 달리기를 열심히 한 결과 그는 세계적인 육상선수가 되었다. 무언가 열심히 할 수 있는 일을 만난다는 것, 그것이 중요하다.

❀ 페스탈로치와 두 명의 아이

페스탈로치가 아이들을 가르치다가 다른 곳으로 옮겨 가면서 후임 선생님께 두 아이를 지목하였다. 그 아이들은 크게 될 인물이니 유념해서 보라는 것이었다.

세월이 얼마만큼 흐른 뒤 그 두 아이는 페스탈로치의 말대로 크게 성공하였다. 그때에 후임 교사가 페스탈로치에게 물었다.

"그때 제가 보기에는 그 두 아이가 다른 아이들보다 별로 돋보이지 않던데 선생님은 어떻게 그 아이들이 성공할 것이라는 것을 아셨습니까?"

그러자 페스탈로치가 이렇게 대답하였다.

"나도 그 아이들이 특출한 것이 아니고 시험 삼아서 무작위로 지적해 보았을 뿐입니다."

부모가 꼭 해 줘야 할 일

내 아이에게 희망을 주자

부모가 아이에게 반드시 성공하리라는 확신을 줘야 한다.

지금 상황이 좋지 않다 해도 성공할 수 있다는 기대를 가지고 있다는 것을 알게 해야 한다.

그 성공을 위하여 지금부터 남보다 앞서가라고 해서는 안 된다. 지금은 현재의 상태에서 조금이라도 나아지기 위하여 노력해야 한다는 것을 알도록 한다. 그 노력을 장래의 성공을 기대하는 기쁨 속에서 이루어지도록 한다. 억지로 노력하여 귀찮고 힘이 들면 안 된다.

공부도 지금부터 열심히 해서 다른 아이보다 앞서가라는 것이 아니고 지금의 상태보다 조금이라도 더 잘할 수 있도록 노력하자는 것이다. 이것은 어려운 일이 아니요, 불가능한 일도 아니다. 마음만 먹으면 할 수 있는 일이다. 작은 일부터 시작하는 것이 큰일을 할 수 있는 기반이다.

책 읽는 습관 들여주기

※ 수능맨의 특징

평소 학교성적은 그다지 좋지 않았는데 수학능력고사에서 성적이 좋게 나오는 학생들이 있다. 그들을 수능맨이라 부른다. 그들의 특징은 다음과 같다.

◇ 책을 많이 읽는다.
◇ 취미가 다양하다.
◇ 몰입한다.

이 중 한 가지만이라도 부모가 해 줄 수 있다면 아이의 공부에 큰 도움이 된다.

※ 책 많이 읽히기

평소에 책을 많이 읽는다는 것이 수능맨들의 특징이다.

책을 읽는 것은 모든 학습의 기초가 된다.

책은 많이 읽는다는 것은 학습의 기초가 튼튼해지는 지름길이다.

이해력이 빨라지고 깊어지기 때문이다.

❀ 책 읽는 습관들이기

세계적으로 성공한 사람들의 공통점은 무엇인가?

책을 많이 읽은 사람들이다.

성공한 사람들 중에 공부를 못했던 사람은 많다. 그러나 책을 읽지 않았던 사람은 거의 없다.

컴퓨터의 황제라 일컫는 빌 게이츠는 지금도 새벽 세 시에 일어나서 두세 시간씩 책을 읽는다고 한다. 그리고 자녀들에게 컴퓨터를 잘하라고 말하지 않고 책을 많이 읽으라고 말한다고 한다.

서울대학교 융합과학기술대학원장인 안철수는 어떤 일을 새롭게 시작하려고 할 때는 그 분야의 책을 몽땅 가져다 읽는다고 한다. 자기가 하고자 하는 일에 대하여 일단 알아야 감을 잡기 때문이다.

예로부터 책을 많이 읽은 사람들에게는 특별한 것이 있었다.

《삼국지》 세 번 읽은 사람과는 언쟁을 하지 말라고 했다.

책이 없던 시대에도 책을 다섯 수레는 읽어야 한다고 하였다. 책의 홍수를 이루는 지금은 아무리 못 읽어도 다섯 트럭은 읽어야 할 것이다.

❃ 큰일 났다고 걱정하는 학부모의 배부른 걱정

♤ 밤새워 책을 읽는 1학년짜리

1학년인 자녀가 잠을 안 자고 1시가 되고 2시가 될 때까지 책을 읽는다고 어떻게 하면 좋으냐고 상담하는 학부모가 있다. 그야말로 배부른 걱정이다. 그럴 때면 이렇게 대답해 준다.

"그대로 두세요. 절대 건강을 해치지 않으니 걱정 마세요. 설령 다음 날 지각하더라도 그대로 두세요. 곧 정상으로 돌아옵니다. 말리면 부모가 보는 데서는 책을 읽으려 하지 않습니다. 그대로 두면 책을 좋아하고 잘 읽는 좋은 습관이 생길 것입니다."

♤ 내일이 시험인데 책만 읽고 있는 아이

내일이 시험인데 책만 읽고 있는 아이 때문에 걱정을 하는 부모가 있다. 이런 부모에게는 이렇게 말해 준다.

"그대로 두세요. 책 읽지 말고 시험공부 하라고 하면 책도 안 읽고 시험공부도 안 합니다. 두 가지를 다 잃습니다. 그리고 그 후로 부모 앞에서는 책을 읽지 않습니다."

한 가지는 잃어도 두 가지를 다 잃게 하지는 말자.

◇ 책 읽는 버릇 하나는 확실하게 잡아주자.

◇ 소꿉장난할 때의 언어와 태도 : 부모를 그대로 닮는다.

◇ 아이가 어렸을 때에 부모가 책을 읽고 있었다면 아이는 어떤 흉내를 낼까?

◇ 안데르센의 부모는 가난했지만, 어려서부터 밤마다 책을 읽어 주었다.

※ 책 읽어 주기의 효과

○ 대인관계의 개선

혼자서 책을 읽는 아이하고 부모가 책을 읽어주는 아이는 효과가 다르다. 혼자서 책을 읽는 아이는 독서능력은 향상되지만, 대인관계 등의 사회성이 떨어진다. 부모가 책을 읽어 주는 아이는 독서력도 향상되고 인간관계도 좋아진다.

안데르센의 부모는 안데르센이 말을 알아듣지도 못하는 아주 어렸을 때부터 밤마다 책을 읽어 주었다. 책을 읽어 줌으로써 어휘에 대한 감각을 길러서 어휘를 풍부하게 하는 것이다.

부모가 지식이 많은 사람들의 자녀가 공부를 잘하는 이유가 있다. 어려서부터 사용하는 어휘가 다른 것이다.

책 읽어주기를 강조하는 짐 트렐리즈에 따르면 초등학교에 입학할 당시에 아이가 이해할 수 있는 단어의 양이 그 후의 학교 성적을 좌우하는 중요한 요소가 된다고 한다. 학습을 진행하거나 선생님의 말을 이해하는 정도가 어휘가 풍부한 사람이 훨씬 빠르다는 것이다.

캔사스대학의 베티 하트와 도드 리슬리 박사의 '어린이들의 일상생활에 나타나는 의미 있는 차이점' 연구에 의하면, 5세 아이들이 매일 사용하는 단어의 수 비교에서 전문직 부모의 자녀들이 사용하는 단어는 빈곤층 아이들이 매일 사용하는 단어의 두 배가 되었다. 이러한 결과는 이후 학습에 영향을 미쳐 학습효과에도 차이를 나타내게 되는 것이다.

○ 독서를 통한 어휘력 향상

자녀들의 어휘력 향상을 위해서는 부모와의 대화도 중요하지만, 독서에 의한 향상력이 높다고 한다.

보통 사람들이 사용하고 있는 단어 중 일상생활에서 늘 사용하는 단어는 1천 단어 정도이고 자주 사용하는 단어는 5천 단어 정도 된다고 한다. 여기에 가끔 사용하는 단어가 5천 단어 정도 되어서 통상 1만 단어 정도가 공통어휘라고 한다.

이 공통어휘 이외에 희귀단어가 존재하는데 이것이 독서에서 결정적인 역할을 한다. 이 희귀단어는 일상적인 대화에서 사용되는 것이 아니고 책에서 사용하는 것이다. 따라서 책을 읽음으로써 자기의 어휘량을 늘여갈 수 있는 것이다.

초등학교에 입학하기 전의 5살의 아이는 평생 배우는 단어의 2/3나 3/4 정도를 습득한다고 한다. 그러므로 학교에 입학하고부터 새로 배우는 단어는 그다지 많지 않음을 알 수 있다. 이 시기에 부모와 대화를 많이 나누고 책을 많이 읽게 한다면 아이의 어휘력을 늘려주게 되는 것이다.

❀ 책을 읽고 감동을 받으려면

요즘 초등학생들에게 위인전을 읽어주고 물었다.

"어떤 생각이 드니? 너희들도 이 책의 주인공처럼 해 보고 싶지 않니?"

이구동성으로 대답하는 말.

"아뇨."

"왜, 왜 못 한다는 거야?"

"힘들어요."

힘들어서 못 한다는 것이다. 그리고 그 사람들은 위인이니까 그렇게 할 수가 있지 자신들은 못한다는 것이다.

해 보지도 않고 따라서 할 엄두를 못 내고 있다. 고생을 시켜야 한다. 자기도 할 수 있다는 자신감이 들도록 고생을 시켜야 한다. 그래야 책을 읽고 감동을 받는다.

다양한 취미 갖기

다양한 취미를 가지고 있는 사람은 지식의 폭이 넓어진다. 자기가 좋아하는 영역에 대하여 관심을 가지고 그 분야에 대하여 책도 읽고 방송도 보며 조사하고 연구하기 때문에 그 분야에 대한 상식이 풍부해진다. 그것은 곧 학력과 이어진다.

※ 다시 한 번 생각해 보기

○ 온종일 공부만 하는 아이

온종일 공부만 하는 아이는 성공하지 못한다.

공부가 중요한 것이기는 하지만, 다른 일은 젖혀두고 온종일 공부만 하는 아이는 외골수가 되어 세상을 바르게 살아가지 못한다.

사람은 다양한 활동과 다양한 취미를 가지고 있어야 한다.

그런데 다양한 취미는 하루 아침에 생기는 것이 아니다. 오랜

시간의 노력과 숙련에 의해 생긴다. 어려서부터 여러 가지 경험을 해 보게 하면 그 중에서 자기의 특기와 적성에 맞는 영역의 것들이 취미로 다가온다. 그러므로 다양한 경험을 갖도록 안내를 해 주고 뒷받침을 해 줘야 한다.

어느 정도의 뒷받침이 이루어지면 그때부터는 아이가 스스로 하게 된다.

○ 자녀교육에만 온통 정신을 쏟는 부모

자녀교육에만 온통 정신을 쏟는 부모는 성공하지 못한다. 처음에는 잘 따라주던 자녀들이 부모의 극성에 지치기 시작하면 부모의 말을 따르지 않게 되고 회의를 느끼게 된다. 그러므로 자녀를 닦달하지 말고 부모도 함께 발전해 나갈 수 있는 일을 해야 한다.

몰입하기

성공한 사람들의 공통된 특징 중 하나가 몰입이다. 이것 없이는 성공하지 못한다. '미치면 미치리라.'는 말도 몰입을 나타낸 말이다.

몰입하는 사람은 학구적이고 탐구적이다.

어떤 문제를 만났을 때에 그 문제를 풀기 위하여 몰입하는 사람은 성공의 밑거름을 다지고 있는 것이다. 이것은 곧 학습을 이어가는 기초가 되는 것이다.

유용한 생각 넓혀 주기

대부분의 사람이 머릿속에서 생각하는 것은 대부분이 실제로는 별 도움이 되지 않는 생각이고 정작 도움이 되는 것은 단 4%에 불과하다고 한다.

사람이 매일 생각하고 있는 것들을 분류하면 다음과 같다고 한다.

◇ 이미 지나가버린 일에 대한 생각 : 40%
◇ 일어나지도 않을 일에 대한 생각 : 30%
◇ 도움이 안 되는 극히 사소한 생각 : 22%
◇ 유용하기는 하나 어쩔 수 없어 도움이 안 되는 생각 : 4%
◇ 실제로 도움도 되고 유용한 생각 : 4%

♤ 4%의 유익한 생각 넓혀 주기

도움이 되지 않는 96%의 생각보다는 4%의 유익한 생각을 넓히기 위하여 노력해야 한다.

토마스 하디의 말에 덜 밉살스러운 족속들이 있다.

예술가와 문학가가 이 족속에 속한다.

일상생활에서 머릿속에 흔히 떠오르는 생각들을 분류해 보자. 이것은 어느 분류에 해당되는가? 행여 96%의 도움이 되지 않는 생각일 때는 과감하게 머리를 흔들어 잡념을 쫓아내자. 그리고 4%의 유용한 생각을 하도록 하자.

별로 유용한 생각을 할 게 없다는 생각이 들면 풍경을 감상하자.

그리고 그 풍경을 그림으로 그린다면 어떻게 할 것인가, 사진을 찍는다면 어떻게 찍을까, 글로 쓴다면 어떻게 쓸까를 생각해 보자.

내 아이의 현재 상황을 파악하자

지금 이 시점에서 아이의 상태를 점검해 보자.

내 아이가 현재 학습 상황이 어떤지 파악하는 것은 학습지도에 도움이 된다. 학습에 대한 의욕이나 열의가 있는지, 학습에 대한 집중도는 어느 정도나 되는지, 학습에 대한 인내는 어느 정도인지를 알아야 지도가 가능하다. 기본적인 학습태도가 나쁘다면 아무리 노력을 해도 효과를 거두기 어렵다. 그것부터 점검해야 한다.

공부에 대한 자녀의 상태를 지금 점검해 보자.

자녀가 공부를 제대로 하고 있는지, 잘못 하고 있는지.

그리고 자녀가 공부를 자율적으로 열심히 하고 있는지, 억지로 하고 있는지.

제대로 하고 있다면 그것이 계속 이어지도록 지원하고 기대하자.

잘못하고 있다면 그 원인이 무엇인지 살펴보자.

그리고 그 해결방법이 무엇인지 점검하여 보자.

아이와 진지하게 이야기를 나누어 보자. 누구보다 아이의 상태는 아이가 제일 잘 안다. 아이가 무언가 부모를 속이고 있다거나 성적에 대하여 속앓이를 하고 있다면 함께 해결할 방법이 무엇인가 이야기를 나누어 보자. 나중에 좋아지겠지 하는 막연한 생각으로 기다리는 것은 안 된다.

아이가 정말로 공부를 어렵게 생각한다면 쉬운 공부부터 하도록 하자. 초등학생의 경우, 지금 성적이 좋지 않는 것은 아무런 문제가 되지 않는다.

기본을 튼튼히 하는 일은 언제라도 가능하다.

그리고 공부외에 다른 일에 대하여 참을성을 가지고 끈기 있게 임하는지 살펴보자. 그것이 공부를 뒷받침하는 근간이다.

❀ 절대로 실망하거나 포기하지 말자.

아이가 공부하기가 어렵다거나 싫다고 해도 절대 실망하지 말자. 지금은 아직 어리기 때문에 얼마든지 좋아질 수 있다는 확신을 주자. 눈에 보이게 좋아지지 않는다 해도 좋아지기 위하여 노력하는 그 자체가 발전임을 알게하자.

지금보다 조금이라도 나아질수 있다면 그것이 희망이다. 무언가 좋아질 수 있는 구석을 찾아 거기에서부터 새출발하자.

문제해결방법의 점검

문제해결방법의 점검은 우리 아이가 계속하여 공부를 잘할 수 있느냐의 문제와 직결된다. 이를 점검하는 방법으로 수학문제를 해결하는 과정을 살펴보는 방법이 있다. 다소 어려운 문제를 제시하였을 경우, 풀이가 복잡하거나 어렵다고 금방 못 푼다고 포기를 하거나 생각하기가 귀찮거나 힘들어서 금방 해답을 보려고 한다면 이 아이는 어려운 공부를 계속할 수 없는 아이이다.

몇 시간이고 그 문제를 가지고 생각하고 또 생각한다거나 이리저리 해결방안을 모색하는 모습을 보인다면 이 아이는 장차 어려운 공부를 할 수 있는 아이이다.

시험이 끝난 후의 지도

시험을 보고 나면 몇 점을 맞았는가, 등수가 몇 등인가에 신경을 쓴다. 그러나 아직은 그것이 중요한 것이 아니다. 시험이 끝나면 어떤 문제를 틀렸는가, 왜 틀렸는가를 따져보아야 한다. 쉬운 문제를 틀렸을 경우 실수로 틀렸다고 하지만, 정말 그런가 살펴봐야 한다. 틀린 문제에 대한 기본적인 지식을 가지고 있는지 알아봐야 한다. 틀린 문제와 관련된 교과서를 다시 공부하는 것이 가장 좋은 방법이다.

틀린 문제에 중점을 두지 말고 틀린 문제에 포함되어 있는 기본지식을 공부하도록 해야 한다.

교육제도의 변화에 관심을 가지자

우리나라의 교육정책은 전체 교육의 뼈대가 되며 앞으로의 진로 방향이 된다. 그러므로 교육정책의 변화는 자녀교육에 직접적으로 영향을 끼친다.

그러나 아이들은 그것을 알 수가 없다. 그것은 부모가 해야 한다. 앞으로 자녀가 살아가야 할 미래사회에 잘 적응하려면 교육정책의 변화에 관심을 가지고 그것을 이해하고 그것에 포커스를 맞추어 나가야 한다.

따라서 부모가 이러한 교육정책의 변화에 관심을 갖고 자녀의 진로에 대하여 안내를 해 주어야 한다.

교육정책의 변화에 대한 정보는 신문이나 방송에서 자연스럽게 얻을 수 있다. 교육정책은 많은 사람들이 관심을 가지고 있기 때문에 뉴스거리가 되어 있다. 그러므로 보도되는 교육 관련 뉴스에 관심을 가지면 도움이 된다.

예를 들면, 요즘 화제가 되고 있는 입학사정관제에 대하여 알아보자.

각 대학에서 입학사정관제를 실시하겠다고 하였다. 그것은 단시일 내에 준비 되는 것이 아니다. 고등학교 3년 동안의 활동이 포트폴리오에 정리되어야 하는데 그동안 활동해서 얻은 결과가 있어야 한다. 이것을 미리 알고 대비하여 꾸준히 노력해 온 학생이 유리한 것이다.

적성 위주의 진로지도를 하라

자녀의 장래를 위하여 소질과 적성이 중요하다는 것은 누구나 다 안다. 그런데 그것을 가정에서 알 수가 없다. 그에 반해 학교에는 그런 정보가 있다. 그렇기 때문에 학교 선생님과 상의하는 것이 최선의 방법이다.

또한 적성이나 진로에 대하여 전문적으로 상담해 주는 기관이 있다. 그들과 상담하는 것도 하나의 방법이다.

공부 잘하라는 말을 하지 말자

설문조사에서 나타난 학생들이 가장 듣기 싫어하는 말은 '공부하라.' 였다. 이것은 부모님이든 선생님이든 누가 하든 듣기 싫어하는 말이다. 그런데 그 말을 계속할 것인가?

해 봤자 소득이 없고 오히려 역효과가 나타날 말을 자꾸 해대면 어떻게 될까?

그렇다고 공부를 하든지 말든지 내버려 둘 수도 없다. 공부는 하게 하여야겠는데 '공부'라는 말을 하지 않고 공부를 하게 하여야 한다. 그 방법은 여러 가지가 있다. 그 방법 중에서 내 아이에게 맞는 방법을 찾아서 적용해 볼 일이다.

창의력 기르기

속담 바꾸어 지어 보기

속담은 시대적 상황을 날카롭게 비판한 것들이 많다. 그러나 시대가 흘러가면서 시대에 맞지 않는 것들이 있다.

예를 들면 "낫 놓고 기역자도 모른다."에서 옛날이야 낫을 모르는 사람이 없었지만, 지금은 오히려 낫을 모르는 사람이 많다. 그래서 맞는 속담이 아니다. 오히려 "기역자 놓고 낫을 모른다."로 바꾸어야 할 것이다. 속담을 시대에 맞게 고쳐 보는 것은 창의성 개발에 도움이 된다.

◇ 천 리 길도 한 걸음부터.

⇒ 천 리 길은 비행기를 타고.

◇ 아는 길도 물어가라.

⇒ 아는 길은 곧장 가라.

◇ 가다가 중지하면 아니간만 못 하리라.

⇒ 가다가 중지해도 간 것만큼 이익이다.

◇ 못 올라갈 나무는 쳐다보지도 마라.

⇒ 못 올라갈 나무는 사다리를 놓고 올라가라.

◇ 웅변은 은이요, 침묵은 금이다.

⇒ 웅변은 은이요, PR은 금이다.

◇ 소 잃고 외양간 고친다.

⇒ 자동차 잃고 차고 고친다.

◇ 소문 난 잔치에 먹을 것 없다.

⇒ 소문 난 이벤트에 주차할 곳 없다.

◇ 닭 잡아먹고 오리발 내민다.

⇒ 자동차 훔치고 오토바이바퀴 내민다.

만화 채우기

네 칸짜리 만화를 한 칸의 말주머니를 지우고 내가 생각하는 말로 채워 보는 것이다. 글을 채울 때는 바르고 옳은 내용보다는 재미있고 기발한 생각으로 채우도록 한다.

◇ 맨 나중 칸 말주머니의 글을 지우고 써 넣기

◇ 처음 칸 말주머니의 글을 지우고 써 넣기

◇ 가운데 칸 말주머니의 글을 지우고 써 넣기

◇ 전체 말주머니의 글을 지우고 써 넣기

◇ 만화의 순서를 거꾸로 하여 말주머니의 글을 채워나가기

동화 바꾸어 쓰기

책을 읽고 '내가 주인공이라면 어떻게 했을까.'를 생각해 보는 것도 좋은 방법이다. 그리고 책에 나오는 사건에 대하여 그 반대의 경우를 생각해 보는 것도 좋다.

❀ 은혜 갚은 까치

은혜 갚은 까치에서 나그네가 활쏘는 솜씨가 서툴러서 화살이 구렁이를 맞추지 못하고 까치를 맞춰버렸다면 어떤 일이 벌어질까를 상상해 보는 것이다.

그날 밤, 나그네가 잠을 자는데 까치 귀신이 나타나 나그네의 눈을 파먹겠다고 협박하였다. 그럴 경우 나그네는 어떻게 그 위기를 극복할 수 있었을까를 말해 보도록 하는 것이다.

❀ 토끼와 거북이

토끼와 거북이 이야기를 1차 경주에 이어 2차 경주, 3차 경주, 4차, 5차…… 등 여러 편을 써 본다.

미래사회 준비

스토리텔링(Storytelling) 시대

앞으로는 감성의 시대가 온다.

스토리텔링이 교육과 사회의 중요한 역할을 하는 시대가 온다.

덴마크의 미래학자 롤프 옌센은 드림소사이어티를 통해 미래 산업에서는 감성을 풍부하게 하는 이야기가 중요한 역할을 할 것이라고 예언하였다.

미래에는 인간의 감성을 중요시하는 사회가 돌아오고 이때에는 상상력과 창의력으로 인간의 감성을 풍부하게 하는 일이 인간활동의 중심이 된다는 것이다.

스토리텔링에 있어서 지금까지는 일방적으로 한쪽에서 이야기를 들려주는 방식이었는데 이제부터는 서로 주고받는 방식이 된다는 것이다.

어떤 이야기를 들었을 때 그것을 그대로 전하지 않고 자신의 이야기로 전환하여 들려주는 능력이 있어야 한다는 것이다.

이것은 이미 현실에서 실현되고 있다.

대학입학시험에서의 입학사정관제가 그것이다.

어떤 대학의 어느 학과를 지망하였을 때에 그 대학, 그 학과를 지원하기 위하여 그동안 어떤 노력을 기울여 왔으며 그 실적은 어떤 것이고 자기 전공을 위하여 어떤 노력을 할 것인지 글로 쓰고 말로 하는 것이다.

자기소개서와 면접시험 때에 자기가 해 온 일과 계획을 글이나 말로써 전개해 나가는 것인데 어떻게 이야기로 엮어나갈 것인지 구성을 하여야 한다. 이것이 스토리텔링의 한 예이다.

❃ 대학입학사정관제

각 대학교에서 입학사정관제에 대하여 발표하였다.

입학사정관제는 학교교육에 신뢰를 두고 있기 때문에 학원에서 얼마나 공부를 열심히 하여 성적을 올렸는가는 평가대상이 아니다. 학교생활을 성실히 한 학생 가운데 장래성이 있는 학생을 선발한다. 따라서 평가대상이 학교에서의 활동이 된다. 그러므로 학교 교육을 통한 개개인의 다양한 활동이 중심이 된다.

이를 학생 각자가 자기가 그동안 노력해 온 과정과 앞으로의 계획이나 전망을 작성하여 제출해야 한다.

❀ 각 대학에서 입학사정관이 선호하는 학생

◇ 학교생활에 성실한 학생

◇ 학습능력 우수자

◇ 교내 생활에 적극적이고 진취적인 태도를 보인 학생

◇ 건전한 교육적, 사회적 배경을 가진 학생

◇ 다양한 교육활동의 경험이 있는 학생

◇ 사회적 약자에 대한 배려와 공동체 의식을 가진 학생

◇ 글로벌 리더로 성장할 수 있는 자질을 가진 학생

지원서, 자기소개서 등의 작성

◇ 자신이 어떻게 성장해 왔고 성장과정에서 어떤 꿈을 가지고 있었으며 그 꿈을 이루기 위하여 어떻게 노력해 왔는지에 대하여 진솔하게 보이도록 작성할 것

◇ 사정관들이 자기소개서를 읽고 고등학교에 다니는 동안 참 많은 활동을 했구나 하는 생각이 들도록 작성할 것

◇ 자신이 가지고 있는 능력을 좀 더 계발할 수 있었을 텐데 아깝다 하는 생각이 들지 않도록 평소에 자기의 능력을 발휘할 수 있도록 다양하게 노력을 할 것

◇ 좀 더 소상하게 자기 자신에 대하여 알릴 수 있었을 텐데 하는 생각이 들지 않도록 다양한 분야에 걸쳐 자세하게 작성할 것

◇ 교내외에서 활동한 사항을 통하여 적극적인 의지와 열정적인 도전을 하고 있다는 생각이 들도록 충분히 담아내도록 할 것
◇ 고등학교 교육과정을 이수하면서 얼마나 성실하고 도전적인 자세로 학교생활을 했는가를 나타낼 수 있도록 할 것
◇ 학교 재학 중에 어떤 발전상을 보였는가를 나타날 수 있도록 할 것
◇ 장차 대학생활이나 사회생활에서 중요한 역할을 할 능력이 있다는 생각이 들도록 할 것

자기소개서, 추천서, 학교소개서가 일관성 있게 작성되어야 한다. 자신의 현재 모습과 가지고 있는 특성이나 자실을 부각시키고 객관적인 자료를 중심으로 논리적이고 일관성 있는 주장을 펼쳐야 한다.

자기소개서 작성 때 유의점

❀ 지루하지 않게 작성할 것

글을 읽는 사람이 지루하다거나 식상하다고 생각하는 이야기는 생략한다. 자기 성장과정을 작성할 때는 지원하는 학교나 학과와 관련이 있는 것이어야 하며 자라온 배경이나 과정을 통하여 자신의 성격이나 성향 및 인생관 등이 건전하게 형성되었음

을 알리는 것이 중요하다. 실제의 이야기를 통하여 자신의 소질이나 특기 등이 나타나게 하고 장래의 꿈을 실현해 나가는 데 도움이 되도록 한다. 장래의 희망이나 포부는 앞으로 대학생활을 하는 데 도움이 되도록 구체적이고 경험적인 증거를 제시하여 신뢰감을 높이도록 한다.

※ 구체적인 내용이나 수치를 제시할 것

자기소개서에 나타난 활동은 구체적이고 확실한 것을 정리한다. 학교에서의 활동이나 학교 밖에서의 활동도 가시적이고 구체적인 것들을 나열한다. 예를 들면, '많은 노력'이라는 표현보다는 '이러이러한 노력'이라는 표현으로 어떤 성과를 나타냈는지 활동상황과 데이터를 제공하면 깊은 인상을 줄 수 있다.

※ 꿈과 포부를 밝힐 것

지금까지 활동해 온 것들이 장래의 어떤 꿈을 실현하기 위한 것이었는지 밝힌다. 그래서 대학에 입학하면 충분히 실력을 발휘할 수 있고 성공할 수 있는 기반이 있다는 것을 나타내도록 한다. 자신을 필요로 하는 분야에 얼마만큼 기여할 수 있는지 나타내도록 한다.

지원하는 대학과 학과에 대한 정보를 사전에 입수하여 지원하는 이유와 소신을 강하게 피력한다.

※ 기본적인 맞춤법과 문서편집에 유의할 것

맞춤법이 틀리면 신뢰도를 저하시킨다.

맞춤법은 모든 글을 작성하는 데 가장 기본적인 것이다.

아무리 자기소개서의 내용이 좋다고 해도 맞춤법이 틀려 있다면 그 사람에 대한 신뢰도가 저하된다.

어떤 문서이든 편집은 대단히 중요하다.

내용이 좋아도 시각적으로 조잡하거나 복잡하게 보이면 읽고 싶은 생각이 들지 않는다. 그러므로 글을 읽는 사람이 호감을 가질 수 있도록 글씨 크기, 글씨체, 줄 간격, 여백 등에 유의하여 산뜻하면서도 통일성이 있는 자기소개서가 되도록 한다.

※ 고등학교 입학전형에서의 자기주도적 학습전형

이제는 고등학교에서도 자기주도적 학습전형을 실시한다고 한다. 자기주도적 학습전형이란 학생이 스스로 주도하여 학습목표를 계획하고 학습한 과정에서 도출한 창의력, 잠재력을 입학전형위원회에서 평가하여 학생을 선발하는 방식을 말한다.

이제는 중학교에 입학하면 바로 자기가 가고자 하는 고등학교를 선정하고 거기에 입학하기 위한 노력을 어떻게 할 것인가 계획하고 실행하여 그 실적을 구성하고 작성하는 새로운 스토리텔링 시대가 열리게 되었다.

공부 잘하게 하는 우회적인 방법

직접적으로 공부를 잘 하라고 다그치는 것도 하나의 방법이지만, 다른 일을 통하여 공부를 열심히 하는 계기를 만들 수 있다.

선생님의 한마디로 수학을 잘하게 된 아이

인사를 잘하는 아이가 있었다.

고등학교에 입학하던 날, 선생님만 만나면 공손하게 인사를 하였다.

어떤 선생님께 인사를 하였더니 언뜻 한다는 말씀이 이러했다.

"너, 수학 잘하게 생겼구나."

그런데 나중에 수학시간에 선생님이 들어오는데 바로 그 선생님이었다.

수학선생님이 나에게 수학을 잘하게 생겼다고 했으니까 틀림없이 나는 수학을 잘할 것이다. 그날부터 수학을 열심히 공부하여 정말로 수학을 잘하는 학생이 되었다.

그 후, 선생님께 어떻게 첫눈에 수학을 잘하게 생겼는지 알 수 있었느냐고 물었다.

그랬더니 그 수학선생님은 어떤 학생이 인사를 공손히 하는데 무슨 말이든 해야겠는데 생각이 나지 않아서 그냥 한다는 말이 그렇게 나왔다고 했다.

수학선생님의 말 한마디가 수학을 잘하게 된 계기가 되듯이 다른 곳에서부터 동기를 얻어 공부를 잘할 수 있는 것이다.

만화가 박제동의 어머니

박제동은 일곱 살 때에 벼룩을 잡는다고 송곳으로 방바닥에 온통 구멍을 뚫어 놓았다. 어머니가 한마디 했다.

"방바닥에 웬 구멍이냐? 그림 그려놓은 것 같네."

그는 그때부터 그림을 그리기 시작하여 유명한 만화가가 되었다.

박동규의 어머니

서울대학교 박동규 교수는 시인 박목월의 아들이다.

그의 어머니가 6·25사변 때 부산으로 피난을 왔다가 가지고 온 재봉틀을 팔아 쌀을 한 말 샀다. 그리고 그것을 메고 가는데 어떤 청년이 그것을 들어다 준다고 해서 주었더니 빠른 걸음으로 앞서서 가는 것이었다. 쌀을 달라고 해도 그냥 앞서서 걸어가는데 삼거리가 나왔다. 청년은 그 중 한 길을 택하여 걸어가는 것이었다.

그때에 어떻게 해야 하나 망설이다가 청년을 따라가면 어머니를 잃을 것 같아 삼거리에서 어머니를 기다리고 있었다. 자초지종을 들은 어머니는 오히려 그를 칭찬했다.

"우리 아들이 영리해서 쌀만 잃고 어머니를 잃지 않았네."

그 뒤부터 '우리 아들이 영리해서…….' 하는 어머니의 말이 자꾸 생각났다.

어머니가 나를 그렇게 영리하다 하셨으니 정말로 영리해져야겠다고 생각하고 공부를 열심히 하여 대학교수가 되었다.

어머니의 그 한마디.

그게 잃어버린 쌀보다 훨씬 소중했던 것이다.

"

하나는 잃어도
둘까지 잃지는 말자.

"

자녀를 위한 부모의 결단

❀ 황금덩어리를 파묻은 여인

옛날에 최씨 부인이 남편을 여의고 아들 둘을 데리고 살고 있었다. 가난하였지만, 아들에게 바른 교육을 시키기 위하여 애쓰고 있었다.

어느 비 오는 날이었다. 아들들을 서당에 보내고 마루 끝에 앉아 있는데 처마 끝에서 떨어지는 낙숫물 소리가 이상하게 들렸다.

"텅, 텅, 텅!"

이상하게 생각한 최씨 부인은 괭이를 가지고 와서 처마 밑을 파 보았다. 거기에 커다란 황금덩어리가 묻혀 있는 것이었다.

깜짝 놀란 최씨 부인은 황금덩어리를 도로 묻었다.

다음 날, 최씨 부인은 이사를 서둘렀다.

최씨 부인의 집으로 이사를 온 사람은 박씨 부인이었다. 박씨 부인도 아들 둘을 데리고 있었다. 그 아이들도 서당에 다니며 공부를 하고 있었다.

어느 비 오는 날, 박씨 부인도 이상한 빗소리를 들었다. 즉시 괭이로 처마 밑을 파보았더니 커다란 황금덩어리가 들어 있는 것이었다.

박씨 부인은 즉시 황금덩어리를 파내어 그것을 팔아서 집을 크게 짓고 부자가 되어 편하게 살았다.

세월이 흘렀다.

최씨 부인의 두 아들들은 둘 다 과거에 급제하여 높은 벼슬에 올랐다.

어느 날, 아들들은 어머니를 모시고 전에 살던 집을 둘러보게 되었다. 전에 서 있던 초가집 대신 커다란 기와집이 서 있었다. 그런데 집이 허술하기 그지없었다.

안으로 들어가 보니 병든 박씨 부인이 누워 있었다.

박씨 부인의 이야기는 이러하였다.

황금덩어리를 캐내어 부자가 되어 집도 크게 짓고 잘 살았는데 두 아들이 공부도 하지 않고 일도 하지 않은 채 술과 노름으로 세월을 보내다가 건달이 되었고 자신도 병이 들어 폐인이 되었다는 것이었다.

집으로 돌아오는 길에 아들이 물었다.

"어머니, 전에 어머니께서 갑자기 이사를 가자고 하셨을 때에 처마 밑에서 황금덩어리를 캐지 않으셨나요?"

어머니의 대답은 이러하였다.

"글쎄다. 그런 것 같기도 하고 아닌 것 같기도 하구나."

❀ 부모로서의 보람

어머니들에 대한 설문조사

♤ **자랑스러운 것**

누군가의 어머니가 되었다는 것, 그래서 누군가를 위하여 모든 것을 바쳐서 헌신할 수 있다는 것

어머니에게 자식은 생애 최고의 선물이다. 어머니가 아니면 누리지 못할 감동을 자녀로 인해 맛볼 수 있다.

♤ **후회스러운 것**

내 자녀에게 좀 더 좋은 어머니가 되지 못했다는 것.

♤ **힘들고 어려운 일**

자식 키우기는 도를 닦는 것과 같다.

자식 셋만 키우면 몸에서 사리가 나올 정도다.

Chapter III

내 자녀 학습 돕기

학습에 대한 기본적인 태도

학습에 대한 마음의 준비

우선 공부란 무엇인가에 대하여 아이에게 가르쳐 줄 필요가 있다.

그리고 학생이란 어떤 사람인가를 알려줄 필요가 있다.

공부에 대하여 확실하게 알고 왜 공부를 해야 하는지 알아야 열심히 공부를 하려고 한다.

❀ 공부란 무엇인가

◇ 공(工) : 만들다. 장인, 물건을 만드는 전문가

◇ 부(夫) : 지아비, 사나이, 병정, 힘 센 사람

◇ 공부(工夫) : 슬슬 하는 것이 아니고 힘써서 하는 것임.

공부는 장인처럼 고도의 기술을 가진 사람이 그것도 힘이 센 사람이 힘들여서 하는 것이다. 술렁술렁 대강대강 하는 것이 아니다.

그러므로 다음과 같은 말을 해서는 절대로 안 된다.

"할일 없으면 가서 공부나 해라."

그렇게 말하지 말고 이렇게 이야기해야 한다.

"다른 일을 해야 하지만, 가서 공부를 먼저 해라."

친구들에게 차를 마시자고 할 때도 이렇게 말을 해야 한다.

"ㅇㅇ야, 차를 마시자."

✾ 학생은 어떤 사람인가

농부는 농사를 짓는 사람이다. 어부는 고기를 잡는 사람이다. 농촌에 살지만 농사일을 하지 않는 사람은 농부가 아니며, 어촌에 살지만 고기잡이를 하지 않는 사람은 어부라고 할 수 없다.

학생은 공부를 하는 사람이다. 학생이 공부를 하지 않는다면 그 사람은 학생이 아니다. 그러므로 학생은 공부를 열심히 해야 한다는 것을 인식시켜 주어야 한다.

✾ 학교는 어떤 곳인가

학교는 공부를 하는 곳이다. 이는 공장이 물건을 생산하는 곳이요, 논밭이 농산물을 생산해 내는 곳인 것과 같다. 학교에 와서 놀기만 하려고 한다거나 교실에서 공놀이를 즐기려 한다면 이는 학교와 교실이 어떤 곳인지를 모르는 사람이다.

등교할 때에 집에서부터 축구공을 툭툭 차면서 와서 가방을 내려놓자마자 운동장으로 가서 축구를 하는 사람은 공부보다는 축구에 정신을 쏟는 사람이다. 그가 축구선수라면 잘 한 일이다. 그러나 축구선수가 아니라면 축구는 쉬는 시간이나 점심시간에 틈을 내어 하여야 한다.

❊ 공부는 누가 하는가

공부는 내가 한다. 내가 바쁘다고 엄마나 아빠가 대신 해줄 수 없다. 숙제는 대신해 줄 수 있어도 공부를 대신해 줄 수는 없다.

내일이 시험이니 국어공부는 아빠가 대신 해주고 수학공부는 엄마가 대신해줄 수가 없다. 내가 하지 않으면 안 되는 일이다. 그러므로 공부는 자신의 일임을 명심하도록 해야 한다.

❊ 공부는 무엇으로 하는가

공부는 머리(두뇌)로 한다.

공부는 손이나 입으로 하는 것이 아니다. 물론 공부를 하는 데 손이나 입이 도움을 주기는 하지만, 정신집중이 되지 아니한 상태에서 아무리 입으로 책을 읽고 손으로 글씨를 써도 효과가 없다. 공부를 하는 것처럼 보이는 것하고 공부를 하고 있는 것은 다르다. 구별하는 방법은 공부를 마친 뒤에 공부한 내용을 확인하는 것이다.

❀ 공부는 어떻게 하는가

공부는 힘들여 하는 것이다.

그냥 슬렁슬렁 놀아가면서 하는 것이 아니다. 비 오고 눈 오는 날이라고 아빠가 일을 하지 않는가. 몸이 피곤하다고 엄마가 가게문을 닫고 잠을 자는가.

공부도 마찬가지이다. 하기 싫다고 하지 않으려 한다면 학생이 아니다.

효과적인 학습방법

학습에 대한 바른 이해

❀ 공부에도 순서와 단계가 있다

모든 일에는 순서와 단계가 있다. 처음이 있고 가운데가 있고 마무리가 있다. 공부를 시작하기 전에 학습자료는 무엇이며 학습용구는 무엇인지 준비를 해 놓고 시작해야 한다. 조금 공부하다가 책 가지러 가고, 공책 가지러 가고, 연필 깎고, 지우개 찾고, 참고서 찾으러 가고……. 이렇게 해서는 공부를 제대로 할 수 없다. 공부를 다 했으면 마무리를 해야 한다. 중요한 내용이나 참고가 될 만한 내용은 정리노트나 암기노트에 적어 놓아야 한다. 그리고 암기를 해야 할 것들은 몇 번이고 되풀이하여 암기해야 한다.

❀ 공부시간을 정해 준다

하루 일과 중에서 가장 공부하기에 좋은 시간을 택하여 공부시간을 정해 주어야 한다. 그리고 공부시간에는 출입금지를 시켜야 한다. 과일이나 과자를 갖다 준다거나 전화를 바꾸어 주는 일을 해서는 안 된다. 이어폰을 귀에 끼우고 라디오를 들으면서 공부하는 것을 허용해서는 안 된다. 자녀가 공부 하고 있는데 부모가 TV를 크게 틀어 놓고 연속극을 보는 것은 금물이다. 가능하면 그 시간에 부모도 책을 읽거나 일을 해야 한다.

❀ 숙제와 공부를 구분한다

숙제는 최소한의 강제적인 학습 요구량이다. 공부를 않는 학생에게 이 정도는 하라고 정해주는 학습량이다. 숙제를 다했다고 공부를 다한 것은 아니다. 숙제는 학교에서 돌아오면 즉시 해결하도록 하는 습관을 들여야 한다. 그리고 자기 나름대로의 공부를 할 수 있는 시간을 확보하도록 해야 한다.

❀ 참고서를 준비해 준다

혼자서도 공부를 할 수 있도록 준비해 주어야 한다. 국어사전과 백과사전은 최상의 참고서이다. 그밖에 자녀가 원하는 참고서를 준비해 줘야 한다.

❀ 학습방법에 대한 정보를 제공해 준다

시중의 책방에는 학습효과를 높이는 방법에 대한 책이나 암기법 등의 책이 나와 있다. 이러한 책들은 자녀는 물론 어른들에게도 도움이 된다. 이러한 책들을 미리 읽고 자녀에게 도움이 되는 조언을 해 주면 효과적이다.

❀ 자녀를 보호만 하지 말고 훈련을 시켜야 한다

흔히 임신 했을 때는 지나치리만큼 음식을 조심하고 몸을 조심하며 태교까지 할 만큼 신경을 쓴다. 그러나 아이가 태어난 뒤에도 계속하여 보호에만 신경을 쓰고 훈련이나 수련에는 신경을 쓰지 않는다. 그러다 보니 대학생 자녀의 방을 청소해 주고 아침마다 깨워주며 끼니때마다 밥 먹으라고 성화를 해댄다.

고기를 잡아다 주지 말고 고기 잡는 방법을 가르쳐 주라는 말은 곧잘 한다. 그러나 조금만 있다가, 조금만 있다가 하면서 미루다가 끝내는 김치 담그는 방법을 가르쳐 주지 못하고 시집간 딸네 집에 김치를 나르는 사람이 되고 만다.

서양 사람들은 자녀가 초등학교에 입학할 나이가 되면 절대로 자녀의 방을 청소해 주지 않는다고 한다. 그것을 인정머리 없다고 할 수는 없을 것이다.

❊ 기본을 튼튼하게 만들어 준다

'베토벤은 기본을 알기 전에는 베토벤이 아니었다.' 라는 말이 있다.

기본은 모든 활동에 필요한 요소이다. 독서는 모든 학습의 기본이다. 독서활동이 활발한 학생은 나중에 공부를 잘하게 된다. 기본을 튼튼하게 하기 위하여 가능하면 많은 경험을 할 수 있도록 기회를 제공해 주어야 한다.

❊ 먼 장래에 자녀에게 도움이 되는 일을 생각해 보자

자녀의 장래에 어떤 것이 도움이 되는 일인지 깊이 생각해 보고 자녀를 보호만 하지 말고 훈련과 수련을 시키도록 하여야 한다. 지금까지의 '가정에서의 자녀교육'에 대하여 분석해 보고 생각을 정립하기를 바란다.

Chapter IV

가정에서의 학습방법

학습분위기 조성하기

마음밭 만들기

공부란 다른 사람이 대신 해 줄 수 없는 것이다. 본인이 하여야 한다. 학생은 공부를 하는 사람이다. 그러므로 가정에서도 자녀 스스로 공부를 하도록 지도하여야 한다.

학습 분위기라는 말은 공부할 수 있는 환경을 만들어 주라는 뜻만 있는 것이 아니다. 우선 필요한 것은 자녀의 마음밭이다.

내가 공부를 해야겠다는 생각이 드는 것, 그것이 먼저다.

자녀가 공부라는 것이 정말 필요하고 꼭 해야 한다는 생각이 든다면 그 다음부터는 하지 말라고 하여도 한다.

이것이 문제다.

그러나 이것은 쉬운 문제가 아니다.

어려운 문제라고 하여 하지 않아도 되는 것이 아니다. 반드시 해야 할 일이다. 그렇다면 어떻게 해야 할까?

그 방법은 다양하다.
가정에 따라 개인에 따라 다 다르다.
그러나 공통적으로 말하는 기본적인 사항은 알아두어야 한다.

부모를 따라서 하는 공부

어린 아이들은 모방을 잘한다.
그 중에서도 부모의 행동이나 말투를 곧잘 따라서 한다.
그러므로 자녀 앞에서는 행동을 조심하고 삼가야 한다.
부모가 갖고 있는 소질이나 특기를 자녀들이 이어받는 것은 유전적으로 타고나기도 하지만, 어려서부터 부모로부터 배우는 경우가 많다.
그러므로 자녀들을 가르치는 산 교재가 부모라는 사실을 늘 염두에 두어야 한다.
부모의 게으름이나 거짓말이나 이중적인 성격을 드러내는 일은 삼가야 한다.
예를 들면, 부모를 찾는 전화가 왔는데 아이들이 전화를 받았을 경우, 이렇게 말하면 안 된다.
"지금 집에 없다고 해."
공부도 부모가 집에서 책을 읽고 공부를 하는 모습을 보여야 한다. 그러면 자녀도 부모를 본받게 된다.

혼자서 공부할 때

정신 집중

공부를 시작하기 전에 먼저 정신을 집중하도록 한다.

1분이나 2분쯤 정신을 집중하고 지금부터 공부를 하는 데 정신을 집중하여 열심히 해야겠다는 각오를 하도록 한다. 종교를 가진 사람은 잠시 기도를 하여도 좋다.

공부에 대한 준비

◇ 공부를 할 때는 반드시 책상에 바르게 앉는다.

◇ 엎드리거나 방바닥에 앉아서 공부하지 않는다.

◇ 공부하기 전에 잠시 정신을 집중하여 지금부터 공부를 열심히 하겠다는 각오를 한다. 자기 자신에게 지금부터 공부를 열심히 하겠다는 다짐을 한다.

◇ 용변은 공부를 시작하기 전에 다녀오고 공부를 시작했으면 공부가 끝날 때까지 참는다.
◇ 공부할 양을 미리 정한다.
◇ 공부할 시간보다는 공부할 양을 정하는 것이 좋다.
◇ 주위를 조용하게 한다. 라디오나 텔레비전을 켜 놓지 않는다.
◇ 공부를 하고 있을 때는 다른 사람이 출입하지 않는다.
◇ 공부를 하고 있을 때는 전화를 바꾸어 주지 않는다.
◇ 공부를 하고 있을 때는 먹을 것을 가져다 주지 않는다.
◇ 공부를 마치기 전까지는 책상에서 일어서지 않는다.
◇ 공부를 마치고 어떤 공부를 어떻게 했는지 가족들과 이야기를 나눈다.

복습하기

◇ 학교에서 돌아오면 그날 학교에서 공부한 내용을 즉시 복습하도록 한다. 망각 곡선에 의하면 하루가 가기 전에 복습하는 것이 좋다.
◇ 학교에서 공부했던 내용을 다시 한 번 읽어 본다.
◇ 학교에서 요점을 정리했거나 메모한 것이 있을 때는 그것을 먼저 본다.
◇ 교과서는 교재에 줄이 쳐져 있거나 표시가 되어 있는 부분을 먼저 본다.
◇ 이해가 가지 않는 부분을 다시 공부한다.

◇ 결과가 나오기까지의 과정을 생각하며 공부한다.

◇ 더 알고 싶은 것은 다른 참고서나 자료를 찾아 공부한다.

◇ 중요한 부분은 암송을 한다.

◇ 내가 선생님이라면 시험문제로 어떤 것을 출제할까 예상하여 문제를 만들어 본다.

◇ 공부가 끝나면 자신에게 수고했다고 칭찬의 말을 해 준다.

예습하기

◇ 생활계획표를 보고 가정에서 학습할 과목과 시간을 확인한다.

◇ 학습에 필요한 준비물을 갖춘다.

◇ 다음 날 시간표를 보고 교과별로 시간을 나누어 학습계획을 세운다.

◇ 공부할 내용을 대강 훑어본다.

◇ 이해가 가지 않는 부분은 체크하여 둔다. 다음에 선생님과 공부할 때 집중하여 들어야 할 부분이기 때문이다.

◇ 이해가 가지 않는 부분은 여러 가지 자료나 참고서를 이용하여 해결할 수 있는 궁리를 한다.

◇ 도움을 청할 필요가 있을 때에는 가족이나 친구의 도움을 청한다.

◇ 현장조사가 필요할 때에는 가족이나 친구의 도움을 받아 실시한다.

◇ 발표할 내용이 있을 때에는 발표준비를 한다.

◇ 선생님께 질문할 내용은 따로 적어 놓는다.

❀ 예습과 선수학습의 차이

학생이 학교 수업시간에 호기심이 발동하여 집중하도록 하는데 선수학습은 방해가 된다. 하루나 이틀 전의 선수학습은 도움을 준다. 그러나 한 학기를 앞서간다든가 일 년을 앞서가는 선수학습은 주 학습인 학교 수업에 방해가 된다. 막상 학교 수업시간에는 이미 아는 것에 대하여 학습을 하므로 호기심이 없어지고 주의집중이 되지 않는다. 그래서 슬슬 넘어간다.

내용이 어려워 수업시간에 이해하기가 어려운 부분을 제외하고는 예습보다는 복습에 주력하는 것이 좋다.

정리하기

◇ 그날 학습한 내용을 정리하는 습관은 학습의 요점을 파악하는 데 도움이 된다. 요점정리 공책이나 수첩을 사용하면 더 좋다.

◇ 학습한 내용을 정리하되 내용이 복잡하거나 외워두어야 할 내용은 따로 적어 놓는다.

과제 해결방법

과제는 자신의 힘으로 해결하되 여러 가지 방법을 강구해야 한다. 다음과 같은 방법을 생각해 보는 것이 좋다.

◇ 이미 알고 있는 지식이나 방법으로 해결이 가능한지 살펴본다.

◇ 교과서, 참고서 등을 통하여 문제 해결을 모색한다.

◇ 텔레비전이나 인터넷을 통하여 문제를 해결한다.

◇ 역사적 사건에 대해서는 누가, 언제, 어디서, 무엇을, 어떻게, 왜 했는지 간추리고 추리해 본다.

◇ 현장에 나가야 할 경우에는 다른 사람의 도움을 받아 현장학습을 실시한다.

◇ 사건과 사건, 지역과 지역을 상호비교한다.

◇ 전에 해결했던 문제와의 관련성을 따져 본다.

암송하기

◇ 처음에는 입으로 소리를 내어 외운다.

◇ 잘 외워지지 않는 부분은 여러 번 반복하여 외운다.

◇ 외국어나 외래어 등 발음이 어려운 낱말이나 이름은 되풀이하여 외워서 자연스럽게 나오도록 한다.

◇ 소리를 내지 않고 마음 속으로 외운다.

◇ 그림이나 도형, 도표를 이용하여 익힌다.

◇ 첫 글자를 조합하여 외운다.
◇ 중요한 글자를 중심으로 조합하여 외운다.
◇ 이미 알고 있는 지식을 이용하여 그와 연관지어 외운다.
◇ 자신의 경험을 이용하여 관련하여 외운다.
◇ 외운 것을 되풀이하여 다시 외운다.
◇ 외운 것을 응용하여 문제를 해결하여 본다.

연습하는 방법

◇ 학습할 내용이 전체적으로 의미가 큰 것은 전체를 하나의 덩어리로 생각하여 외운다.
◇ 내용이 긴 것은 부분적으로 나누어 단계적으로 연습한다.
◇ 처음 배운 것은 집중적으로 연습한다.
◇ 중요한 것은 집중적으로 연습한다.
◇ 다양한 방법으로 연습한다.
◇ 자기 나름의 방법을 개발하여 연습한다.
◇ 지금까지 연습한 방법 중 가장 효과가 좋은 방법을 택하여 연습한다.
◇ 학습계획은 한 번 세워지면 절대로 바꾸지 않는 것은 아니다.
◇ 계획을 실천해 보면서 더 좋은 방법이 있으면 고쳐 나간다. 다만 하기 싫다거나 인내력이 없어서 하지 않는 것은 처음 계획을 그대로 밀고 나가면서 실천하도록 한다.

발표 연습

다음 날 발표할 과제가 있으면 미리 가족 앞에서 발표 연습을 한다. 발표는 여러 사람 앞에서 여러 번 해 보는 것이 좋으므로 미리 가족 앞에서 해 보는 것은 도움이 된다.

학교 갈 준비하기

학교 갈 준비를 미리 해 두는 것이 좋다. 다음 날의 시간표에 따라 교과서나 학습용구와 관련되는 자료를 챙긴다. 준비물을 안 가지고 갔을 경우에는 부모가 학교에 가져다 줘서는 안 된다. 선생님께 혼이 나는 것이 오히려 아이에게 도움이 된다.

학습 준비

학습 준비물

◇ 학습에 필요한 학용품을 미리 준비해 놓는다.

◇ 공부를 하면서 학용품을 가지러 오고 가서는 안 된다.

◇ 교과서 및 참고서 준비

◇ 학습할 내용에 따라 준비물을 미리 준비한다.

◇ 필요한 인터넷 사이트도 미리 알아 놓는다.

바른 자세

바른 자세는 학습을 성공적으로 이행하느냐 못하느냐의 주요 요소가 된다. 바른 자세를 갖지 못한다면 장시간 학습을 지속시킬 수가 없고 건강을 해치기도 한다. 그러므로 자세를 바르게 하고 학습에 임하여야 한다.

○ 바르게 앉기

◇ 책상과 의자를 바르게 놓고 앉는다.

◇ 등이 의자의 받침대에 닿도록 깊숙이 앉는다.

◇ 책상과 몸 사이는 주먹이 하나 들어갈 정도로 떼어서 앉는다.

◇ 두 다리를 약간 벌린다.

◇ 무릎과 발목을 직각으로 세운다.

◇ 허리를 굽히지 않고 바르게 세운다.

◇ 어깨는 움츠리지 말고 가슴을 편다.

◇ 두 손은 무릎 위에 살며시 놓는다.

◇ 턱은 앞으로 내밀지 않고 아래로 내린다.

◇ 눈은 정면을 바라보고 앉는다.

◇ 공부를 할 때는 그 자세에서 그대로 책을 바라본다.

○ 책 읽기

◇ 바르게 앉아서 책 읽기

◇ 책을 펼쳐 놓고 읽기

◇ 책과 눈과 가슴이 삼각형이 되도록 머리를 약간 숙인다.

◇ 왼손을 자연스럽게 펼쳐서 책의 왼쪽 아래 부분을 누르고 오른손은 엄지와 검지로 책의 오른쪽 아래 부분을 약간 벌려 놓는다.

◇ 손가락에 침을 바르지 않는다.

◇ 책과 눈 사이는 30cm 정도 띄운다.

◇ 주요 내용을 메모하면서 읽는다.

◇ 책을 읽을 때는 소리를 내거나 입술을 움직이지 말고 눈동

자만 움직여 읽는다.

◇ 책의 밑부분에서 1/3쯤 되는 곳을 두 손으로 잡고 세워서 읽는다.

◇ 가슴이 책상에 닿지 않도록 약간 뗀다.

◇ 책을 약간(60도 정도) 눕혀서 잡는다.

◇ 양팔을 책상 위에 가볍게 놓는다.

◇ 책장은 오른손으로 엄지와 검지 사이에 읽는 부분을 끼우고 오른손 엄지를 밀어서 넘긴다.

ㅇ 글씨 쓰기

◇ 바르게 앉아서 허리를 똑바로 세운다.

◇ 공책을 책상에 바르게 놓는다.

◇ 글씨를 쓰지 않는 손으로 공책의 아랫부분을 가볍게 누르듯이 잡는다.

◇ 몸을 약간 아래로 굽히고 몸이 책상에 닿지 않도록 한다.

◇ 공책과 눈 사이는 30cm 정도 띄운다.

◇ 글씨는 획을 이어서 쓰지 말고 한 획 한 획을 바르게 쓴다.

◇ 글씨의 크기를 크거나 작거나 하지 않게 고르게 쓴다.

◇ 글씨를 쓰기 전에 연필의 굵기를 정하고 연필을 고른다.

◇ 중요한 내용은 조금 크게 쓰거나 굵게 쓴다.

◇ 글씨를 쓰는 속도는 저학년인 1~2학년의 경우 1분에 10자 정도, 중학년인 3~4학년의 경우 20자 정도, 고학년인 5~6학년의 경우 30자 정도가 알맞다.

글씨쓰기는 평생 끊임없이 이루어지는 일이다. 그런데 글씨는 한 번 체제가 잡히면 좀처럼 고쳐지지 않는다. 처음부터 정성을 들여 쓰도록 하고 바르게 쓰도록 하여야 한다.

○ 발표와 질문 연습하기

발표와 질문은 학습과 밀접한 관련이 있다.

말은 그 사람을 나타내는 가장 대표적인 표징이다.

아무리 아는 것이 많고 사고력이 뛰어나도 그것을 다른 사람 앞에서 제대로 발표할 수 없다면 학습효과를 발휘할 수 없으며 질문을 제대로 하지 못한다면 학습을 효과적으로 할 수 없다.

발표와 질문은 그 사람의 학습 수준을 나타내는 척도가 되기도 한다.

○ 발표하는 자세

◇ 바른 자세로 서서 발표한다.

◇ 용모를 단정하게 한다.

◇ 듣는 사람을 향하여 서고, 듣는 사람을 바라보면서 한다.

◇ 여러 사람 앞에서 발표할 때에는 전체 학생을 바라보면서 한다.

◇ 두 손은 자연스럽게 늘어뜨린다. 자료를 손에 들었을 때에는 바르게 잡고 한다.

◇ 학교에서 지명을 받아 발표할 때에는 대답을 크게 하고 의자에서 한 걸음 나와서 발표한다.

○ 발표하는 요령

◇ 말하고자 하는 요점이 잘 드러나게 말한다.

◇ 듣는 사람에 따라 듣기 좋게 말한다.

◇ 자연스럽게 하되 자기의 생각을 분명하게 말한다.

◇ 표준말을 사용한다.

◇ 군말(저어, 에, 뭐냐 하면, 그 등등)을 사용하지 않는다.

◇ 주장과 의견을 구분하여 말한다.

◇ 이유나 근거를 분명하게 댄다.

◇ 듣는 사람의 수에 따라 알맞은 목소리 크기로 말한다.

◇ 말할 내용이 복잡하거나 많을 때에는 메모를 하여 보면서 한다.

◇ 원고가 작성되어 원고에 따라 할 때에는 책을 읽듯이 하지 말고 말하듯이 하도록 한다.

◇ 경우에 따라 말을 가려서 한다.

~은 ~입니다.

~은 ~이라고 생각합니다.

◇ 원인과 이유를 밝힐 때 :

저는 ~이 ~한 까닭은 ~이라고 생각합니다.

~에 대한 이유는 ~이기 때문입니다.

◇ 다른 사람의 질문에 답할 수 없을 때 :

그것에 대해서는 잘 모르겠습니다.

~은 ~인데 ~에 대해서는 잘 모르겠습니다.

학습방법의 학습

학습방법의 학습이란 학습자가 스스로 학습을 해 나갈 수 있도록 학습방법을 익히는 것을 말한다. 이는 학습자가 주체적으로 학습활동을 할 수 있도록 하는 방법이며 평생학습을 지향할 수 있는 방법이기도 하다. 또한 이것은 필요한 지식을 필요한 때에 스스로 습득하도록 하는 방법이기도 하다.

그러므로 학습방법에 대한 학습이 필요한 것이다.

아동시절에는 충동욕구가 강하다. 새로운 사실에 대한 탐구심이 강하여 무엇이고 알고 싶어 하고 무엇이고 해 보려 한다. 그러한 시기에 모든 것을 가르쳐 줄 수는 없다. 그러므로 그 욕구를 스스로 취하지 않으면 안 된다. 그 방법 중 하나가 학습방법의 학습인 것이다.

※ 문제에 대하여 의문을 품어 보게 한다

의문을 품는다는 것은 학습동기를 유발하는 시초가 된다.

어떤 일에 대하여 의문을 품게 되면 그것에 대하여 알아보고 싶은 욕구가 발생한다. 따라서 의문 난 것에 대하여 알기 위한 노력이 시작되는 것이다.

어떤 일에 대하여 끝에 물음표를 붙이는 것부터 시작해야 한다.

물음표를 붙여 보면 의문형이 되고 궁금하게 되는 것이다.

예를 들면 '하늘은 푸르다.'라는 문장에 물음표를 붙여서 '하늘은 푸를까?'로 바꾸는 것이다. 그러면 하늘은 오직 푸르기만

한가? 하늘은 항상 푸르기만 한가? 하늘은 늘 푸르러야 하는가? 등의 의문을 품게 되는 것이다.

※ 의문에 대한 문제해결력을 기른다

어떤 문제에 대하여 의문을 품었을 경우 그것을 해결하기 위하여 노력할 때에 학습효과가 높아진다.

그러나 의문만 품고 문제를 해결하지 못하면 그 의문은 아무런 효과가 없다. 마치 산에 오르면서 오르는 길을 모르고 무작정 길을 나서는 것과 같다. 노력을 하되 문제해결을 위하여 다양한 방법으로 집요하게 노력해야 한다.

※ 인내력을 기른다

문제를 해결하는 데는 인내가 필요하다.

아무리 머리가 영리한 사람도 인내력이 없으면 성공하지 못한다. 그러나 머리는 그다지 좋지 않아도 인내력이 있는 사람은 성공하는 것이 늦기는 하지만, 끝내는 성공을 한다. 문제해결력이란 어떤 문제에 대하여 어느 정도 집요하게 매달리는가에 대한 능력이다.

※ 사고력을 기른다

사고력은 생각하는 즐거움을 주는 것이다.

어떤 문제를 풀다가 모르는 문제가 나왔을 때에 그 문제를 해결하기 위하여 얼마나 고민을 하는가에 대한 측정이 사고력의 측정이다. 아이가 그 문제를 해결하기 위하여 노력하다가 포기하는 시간, 그 시간이 그 아이의 사고력의 지표가 된다.

❀ 학습에 대한 즐거움을 준다

학습의 즐거움은 새로운 사실을 알았을 때와 어떤 문제를 해결하기 위하여 노력하다가 그 문제를 해결했을 때 느끼게 된다. 즉, 성공의 즐거움을 맛보는 것이다. 그 즐거움이 있을 때에 공부하는 즐거움도 생긴다.

생각하는 힘이 사고력이며 사고력이 생겼을 때에 학습능력도 커지는 것이다.

사고력의 기본 바탕은 독서와 경험이다. 독서와 경험을 통하여 사고력을 길러야 한다. 그리고 나서는 그 사고력을 훈련해야 한다. 사고력을 훈련하는 방법이 학습문제를 해결하는 방법이다. 이러한 연습과정을 통하여 사고하는 습관을 기르는 것이다.

꾸준한 연습은 좋은 습관을 만들고 좋은 습관은 실력을 향상시킨다.

❊ 학습방법을 학습하게 한다

학습도 훈련을 해야 한다.

학습에 있어서 흥미와 훈련은 동행해야 한다.

학습에 대한 의욕을 일으키는 것은 흥미이지만, 의욕을 지탱해 나가는 것은 훈련이다. 훈련은 학습문제를 스스로 해결해 나갈 수 있는 능력을 기르는 일종의 지도방법인 것이다. 훈련이라고 해서 일정한 장소에서 일정한 시간을 투자하는 연습만 뜻하는 것은 아니다.

현장에서의 실습이나 체험도 일종의 훈련인 것이다. 이러한 기회를 자주 맛보게 하는 것도 훈련의 일종이다.

효과적인 학습을 위하여 다음과 같은 일들이 필요하다.

◇ 자녀로 하여금 공부는 왜 해야 하는지 알게 한다.

◇ 자녀로 하여금 스스로 발견할 수 있게 한다.

◇ 자녀로 하여금 실행을 결심하도록 한다.

실행의 결심은 혼자만 하지 말고 여러 사람 앞에서 공포를 하게 하고 다른 사람도 알게 하는 것이 좋다. 그래야 느슨해진 마음을 다잡을 수 있고 실행을 하지 않았을 경우의 결과에 대하여 책임을 느끼게 된다. 그리고 실행은 결심을 했을 때 즉시 하는 것이 좋다.

"오늘은 쉬고 내일부터 열심히 하도록 하자."

이런 결심은 실천 가능성이 없다.

실행을 결심하는 방법으로 다음과 같은 것이 있다.

◇ 실행할 것을 여러 사람 앞에서 공포한다.
이때에 실행하지 못하였을 때의 벌칙도 함께 공포한다.

◇ 실행할 것을 종이에 써서 책상 앞에 붙여 놓는다.

◇ 실행에 대한 실천 결과를 표시하도록 한다.
실행하지 못하였을 경우에는 그 사유를 밝히도록 한다.

※ 반복연습을 통한 훈련

능숙한 기능은 반복연습을 통하여 이루어진다. 그러나 무작정 반복만 하였다고 기능이 숙달되는 것은 아니다. 힘들이지 않고 슬슬 하는 연습은 아무런 진전을 가져오지 못하는 것이다. 대표적인 것이 숟가락질이다. 매일 하루에 세 번씩 삼시 세끼 하는 일이지만, 숟가락질 잘하는 선수가 되는 것은 아니다. 힘들이지 않고 그냥 하기 때문이다. 훈련이 되려면 계획적이고 단계적이어야 한다. 또한 강도를 높여서 힘써서 하여야 한다.

자녀가 의욕을 가지고 활동할 수 있도록 하여야 한다.

본인이 의욕을 가지고 활동할 때 추진력이 생기며 효과가 높게 나타난다. 그러기 위해서는 자녀가 할 수 있는 일을 단계를 만들어 차례차례 해 나가야 한다.

※ 영재성의 발견

♤ 영재와 수재의 차이

한 사람의 영재는 만 명의 보통 사람들을 먹여살린다고 한다. 내 자녀가 영재성을 가졌다면 그 분야에 있어서는 다른 사람들보다 적은 노력으로 많은 성과를 거둘 수가 있는 것이다.

그러나 영재는 결코 공부를 잘하는 사람들을 말하는 것이 아니다. 아이디어가 빛나는 사람들을 말한다.

내 아이가 생뚱맞고 엉뚱한 짓을 한다고 실망하지 말자. 그런 아이 가운데 영재가 많다. 다음의 우수아와 영재를 비교해 보고 우리 아이와도 비교해 보자.

※ 우수아(수재) : 뛰어난 재주를 가진 사람
영재 : 특별히 뛰어난 재주를 가진 사람

내 자녀가 엉뚱하고 모난 생각을 한다고 해서 큰일 났다고 생각하면 안 된다. 내 아이가 영재성을 가진 것이다. 그것을 잘 살리면 내 아이는 영재가 되는 것이다.

영재의 특징은 보통 아이들보다 새로운 방법이나 독특한 방법을 이용하여 문제를 해결한다는 것이다. 그러므로 내 아이가 내가 생각하는 방법과 다른 방법을 이용하여 문제를 해결할 때에 영재성이 있다고 생각해야 한다.

우수아와 영재의 차이

순	항 목	우수아의 특징	영재아의 특징
1	공부	공부를 열심히 하여 잘한다.	빈둥빈둥 노는 것 같은데 잘한다.
2	글자 익히기	글자를 배워서 깨우친다.	배우지 않았는데 언제부터인가 글자를 안다.
3	놀이	또래들과 어울린다.	형들하고 어울린다.
4	질문	'이게 뭐야?'라는 질문을 잘 한다.	'왜 그래?'라는 질문을 잘 한다.
5	답변	질문에 답변을 잘한다.	질문에 또다른 질문을 한다.
6	듣기	고개를 끄덕이며 경청한다.	고개를 갸웃거리면서 의문을 나타낸다.
7	집중	수용력이 좋다.	집중력이 좋다.
8	상식	상식적인 수준에서 안다.	상당한 지식을 이미 알고 있다.
9	생각	좋은 생각을 잘 한다.	생소하고 이상한 생각을 잘 한다.
10	암기	외우는 것을 잘 한다.	추측을 잘 한다
11	관심사	어떤 일에 흥미가 있다.	호기심이 많다.
12	흥미와 취미	제법 안다.	상당한 수준까지 알고 있다.
13	해결 방법	정확한 방법으로 해결한다.	창조적인 방법으로 해결한다.
14	설명하기	아는 것을 말한다.	선생님처럼 가르친다.
15	정보	아는 것을 잘 기억한다.	아는 것을 조합한다.
16	언어 사용	또래들이 쓰는 언어를 사용한다.	어른들이 쓰는 언어를 사용한다.
17	변명	사실대로 말한다.	에둘러쳐 말한다.
18	일의 해결	아는 방법을 동원한다.	새로운 방법을 생각해 낸다.
19	독서	좋아하는 분야의 책을 읽는다.	다양한 분야의 책을 읽는다.
20	집중	참고 견딘다.	몰입한다.

학습에 자신감 갖게 하는 방법

어려운 일의 극복

어려운 일을 한 가지씩 극복해 나가도록 하라.

상당히 어렵고 힘들다고 생각하는 것을 한 가지 극복하였을 때에 자신감이 생긴다. 이것은 도저히 할 수 없다고 생각하는 것을 극복하였을 때에는 더욱 큰 자신감을 갖는다.

힘든 일을 한 가지씩 극복해 나가는 과정에서 자녀들은 자신감을 가지고 성장한다. 그러므로 항상 쉬운 일만 하는 것은 별 도움이 되지 않는다. 힘든 일을 한 가지씩 해결해 나가도록 하여야 한다.

어려움을 극복할 수 있을 때 학습에 대해서도 자신감을 갖게 된다.

인내심를 갖게 하라.

인내는 모든 일을 이루어 나가는 밑거름이다.

아무리 쉬운 일도 그 일을 꾸준히 실천해 나가지 않고는 일을 이룰 수 없다.

머리가 좋지 않는 사람도 인내심이 있으면 비록 그 일을 이루는 데 시간이 걸릴지라도 뜻을 이룰 수가 있지만, 아무리 머리가 좋은 사람도 인내심이 없으면 끝내 그 일을 이루지 못하고 만다. 그러므로 작은 일을 꾸준히 실천해 나가는 일로부터 시작하여 인내심을 길러야 한다.

가장 쉬운 방법은 아침에 일어나서 달력의 그 날짜에 ○를 치는 것이다. 이것을 꾸준히 하면 자신의 인내력에 대한 반성을 하게 된다. 그것마저 한 달을 못 했을 때에 스스로 인내력이 없다는 것을 반성하게 된다.

실패를 극복하는 방법

실패는 누구나 겪는 일이다.

실패 없이 성공한 사람은 한 사람도 없다.

크게 성공한 사람은 크게 실패한 경우가 많다. 아무런 실패도 없이 크게 성공한 사람은 없다는 것을 알게 하여야 한다.

자녀가 실패했을 때에 격려하는 가장 좋은 방법은 유사한 일을 성공하게 만드는 것이다. 유사하되 조금 쉬운 일을 하도록 하여 성취의 맛을 보게 한다. 그러면 이어서 전에 실패했던 일에 도전하게 된다.

나의 실패 극복

나는 심하게 말을 더듬었다.

그 말더듬을 고치기 위하여 말하기 연습을 많이 하였다. 지나가는 사람에게 길을 묻고 가게마다 들러 물건값 흥정을 하였다.

나중에는 웅변연습을 하였다. 말을 더듬는다고 다른 사람들과 말하는 것을 피하기만 했던 것에서 벗어나, 반대로 말을 많이 하는 연습을 하여 말더듬이에서 벗어났다. 그것이 이루어지자 다른 일에도 자신감을 갖게 되었다.

어떤 어려운 일을 만났을 때에 그것을 해결하는 방법으로 반대의 경우를 생각해 보는 것도 한 방법이다.

Chapter V

독서를 통한 자녀교육 성공사례

어느 초등학생의 이야기

나는 내 아이들 교육에 성공하지 못했다고 자평한 사람이다. 그래서 그것을 거울삼아 손자들을 성공시켜야겠다는 생각을 하여 왔다. 아직은 성공이라고 할 수 없지만, 지금까지의 과정을 보면 어느 정도 효과가 있었다고 생각하고 거기에 대한 이야기를 할까 한다.

발단 및 동기

딸아이가 말했다.

"우리 민재는 논술은 걱정 안 해도 돼. 외할아버지가 있잖아. 외할아버지가 논술 가르쳐 주면 돼."

학교에서 학생들에게 글쓰기 지도를 하면서 논술에 대하여 지도해 왔고 임용고사나 장학사시험에 대비하여 여러 사람에게 논술 지도를 해 온 것을 알고 있는 딸이 하는 말이었다.

그 말을 듣는 순간 정신이 번쩍 들었다. 그래서 얼른 이렇게 말했다.

"아니다. 내가 어떻게 책임을 지냐? 천하없는 장사도 제 자식들은 못 가르치는 것이다."

"그럼 어떻게 하라고요?"

"책을 많이 읽혀라. 책 많이 읽는 것보다 더 좋은 방법은 없다."

"어떻게 책을 읽혀야 하는데요. 아직 글자도 모르는데요."

"책과 친해지도록 하여라. 지금부터 책을 방바닥에 늘어놓아라. 여기저기 늘어놓으면 책을 가지고 놀 것 아니냐? 그러다 보면 글자도 보게 된다. 그리고 아이에게 책을 읽어 줘라. 안데르센의 부모도 안데르센이 말도 못 알아들을 갓난아기 때부터 밤마다 책을 읽어 주었단다."

방바닥에 늘어놓은 책

민재는 갓난아기 때부터 책을 방에 늘어놓고 가지고 놀도록 하였다. 그리고 말을 알아들을 때쯤에는 아이에게 책을 읽어 주었다. 책에 재미를 붙인 아이가 저녁 늦게까지 책을 읽어 달라고 해서 부부가 번갈아 가면서 책을 읽어 주었다. 졸음이 오면 교대로 책을 읽어 주었다.

그것이 효과가 있었던지 아이가 책을 좋아하게 되었고, 어느 날 보니 한글을 가르치지 않았는데 글자를 읽고 있었다.

그리고 책장을 넘기는 속도가 빨라지고 있었다.

딸 아이가 다시 걱정했다.

"우리 민재는 글자는 안 읽고 그림만 보는가 봐. 그냥 책장만 넘기고 있어요."

"그대로 두어라. 글자를 보든 그림을 보든 책을 읽는 것이다. 절대로 책장 빨리 넘긴다고 간섭하지 마라."

입학 초기의 부모의 마음가짐

1학년에 입학하고 나서 내가 딸아이에게 간곡히 당부하였다.

"민재에게는 절대로 100점을 맞아오라고 한다든가, 1등을 하라고 하지 마라. 초등학교 저학년 때는 공부를 약간 못하는 것이 오히려 낫다."

그래도 시험을 보고 몇 개 틀리면 불안하다고 하였다.

나는 딸아이를 단속하는 일에 열중하였다.

"책을 많이 읽히는 데 신경을 쓰고 시험점수 잘 맞는 것은 제발 신경 쓰지 마라."

어느 날, 딸이 또 말을 꺼냈다.

"큰일 났어요. 민재가 밤 한 시가 되고 두 시가 되어도 잠을 안 자고 책을 읽고 있어요."

"그대로 두어라. 그것 오래 가지 않는다. 지금 책 읽지 말고 잠을 자라고 하면 네가 있는 곳에서는 책을 안 읽으려 한다. 잠 못 자도 괜찮으니 그대로 두어라."

그래서 밤늦도록 책을 읽다가 자곤 하였다.

2학년이 되자 다시 불평을 하기 시작하였다.

"민재가 내일 시험인데 시험공부는 하지 않고 책만 읽고 있어요."

"그것도 그대로 두어라. 지금 책 읽지 말고 시험공부하라고 하면 두 가지 다 안 한다."

나는 민재 공부 잘하는 데 신경을 쓰는 게 아니고 딸아이를 달래는 데 신경을 썼다.

2학년 때부터 효과가 나타나기 시작하였다. 국어 과목에서는 언제나 100점이었다. 다른 과목은 한두 개씩 틀려도 국어는 틀리지 않았다. 문제집도 국어 과목은 풀지 않았다. 그래도 늘 100점이었다.

올백을 맞은 아이

민재는 3학년 때까지 올백을 맞아보지 못하였다.

그런데 4학년이 되어서 학년초에 보는 진단검사에서 올백을 받았다. 진단검사는 전해의 전과목을 다 보는 시험이기 때문에 일시적으로 공부를 열심히 한다고 잘 보는 시험이 아니다. 그야말로 평소의 실력이요 기본실력인 것이다. 그 진단평가에서 올백을 맞은 것이다. 이제 공부에 대한 기본실력이 자리를 잡은 것이다.

은근히 걱정이 되었다. 올백이 5학년 말이나 6학년 때에 나타나야 하는데 너무 일찍 나타났다. 나도 그것이 걱정이 되었다. 이 아이가 자만에 빠지지는 않을까? 그리고 계속하여 올백 맞기를 바라지는 않을까? 그래서 딸아이에게 다시 부탁했다.

“절대로 다음 시험에도 올백 맞으라는 말은 하지 마라.”

지금은 한두 문제 틀리는 정도에서 공부를 하고 있다. 책은 여전히 열심히 읽는다. 하루 공부를 마치면 밤이 깊어도 잠깐이라도 책을 읽고 나서 잔다.

시험공부를 특별히 하는 것은 아니지만, 부담이 되었던지 시험이 끝나면 제일 하고 싶은 것 세 가지가 있다. 놀기, 컴퓨터로 자동차경주 게임하기, 그리고 책읽기다. 거기에 책읽기가 들어있다는 것이 참 신통하다.

시험이 끝나는 날이면 낮에는 학교운동장에 가서 해가 지도록 논다. 그리고 밤에는 컴퓨터로 자동차경주 게임인 카트라이트를 한 시간 정도 정신없이 하고 나서 책을 읽는다.

민재의 독서방법과 진로

민재는 책을 대하면 먼저 빠른 속도로 읽는다.

속독을 하는 것이다. 그리고 책을 한쪽으로 치워 놓는다.

며칠이 지나서 다른 책을 보거나 공부를 하다가 그 책에서 본 것과 관련된 것이 있으면 다시 그 책을 펼쳐 해당되는 부분을 찾는다. 그리고 그 부분을 자세하게 읽는다. 처음 읽었던 책은 내용을 머릿속에 입력해 놓는 것이다.

어렸을 때에는 누구나 자동차를 좋아한다. 그런데 민재는 자동차를 다른 아이들보다 조금 더 좋아하였다. 그래서 자동차에 대한 책을 많이 읽고 보았다. 처음에는 자동차에 대한 책을 많이 읽더니 차츰 자동차를 그리기 시작하였다. 민재가 하는 일 중에 중요한 일이 자동차를 그리는 일이다. 그 애는 틈만 나면 자동차를 그린다. 하루에도 몇 장씩 그린다. 어른도 흉내 내기 어려울 만큼 자세하게 그린다.

그는 장래의 꿈을 이미 정하여 놓았다.

이탈리아의 토리노에 있는 'IED자동차디자인학교'가 그가 가고 싶은 학교다. 지금은 전에 가지고 놀던 장난감 자동차에 유성 사인펜으로 색칠을 다시 하는 일을 한다.

동생에게 미치는 영향

자동차 그리기 대회가 있었다.

거기에 출전하였는데 아직 유치원생인 동생 민서가 따라갔다. 오빠가 자동차를 그리니까 자기도 그리겠다고 해서 도화지를 얻어다 주었다. 그런데 오빠는 입선이 되지 않고 동생이 상을 탔다.

동생은 향기 나는 자동차를 그린 것이다. 자동차의 배기통에서 연기가 나는 게 아니고 꽃잎들이 나오면서 향기가 나오게 그린 것이다. 나중에 들은 이야기인데 오빠가 그린 그림은 어린이 솜씨가 아니고 어른이 그려준 것으로 판단하여 탈락시켰다는 것이다.

형이나 누나, 오빠나 언니에게서 배우는 것은 부모 못지 않게 많은 영향을 미친다. 또한 가장 쉽게 배울 수 있는 방법이다. 모방심리가 강할 때 언니가 공부를 하면 자기도 따라서 공부를 한다. 언니가 그림을 그리면 옆에서 그림을 그리고 악기를 연주하면 악기를 연주하려고 한다.

큰아이가 책을 읽으면 작은아이도 옆에서 같이 책을 보았다. 글자를 배우지 않았기 때문에 그림책을 보는 것이다. 그러더니 그림을 보고 이야기를 만들어내면서 그림책을 재미있게 보는 것이었다. 그러던 중 얼마 후에 글자를 읽기 시작하였다. 따로 가르치지 않았는데 글자를 해득한 것이었다.

큰아이가 수학문제를 푸는 것을 옆에서 보고 있던 아이가 수학놀이를 시작하는 것이었다. 그러더니 수 카드를 이용하여 10의 보수를 찾아내는 것이었다. 처음에 8과 2를 짝을 짓더니 이내 3과 7, 4와 6도 짝을 짓는 것이었다. 무엇이냐고 물었더니 그냥 해 본 것이라고 하였다.

그럼 5는 어떤 수하고 짝을 지어야 하느냐 물었더니 한참을 생각하다가 5를 두 번 하면 된다는 것이었다. 그럼 10은 어떻게 하느냐고 물었더니 한참을 생각하더니 이렇게 대답하는 것이었다.

"10은 그냥 혼자 있어도 돼요."

그 아이는 덧셈을 모른다. 더욱이나 10의 보수를 알 턱이 없다. 그런데 수 카드를 가지고 놀다 보니 어느새 10의 보수를 찾게 된 것이다.

나에게 미치는 영향

나도 민재의 독서하는 모습을 보고 깨달은 것이 있다. 통렬한 반성을 하게 되었다. 민재는 책을 읽기 시작한 것이 이제 겨우 10년도 못 되는데 나는 반백년을 책을 읽어왔다. 그런데 지금 민재보다 책을 빠르게 읽지 못한다. 이게 말이나 되는가.

그래서 나도 속독을 시작했다. 눈동자를 빠르게 굴려 책을 읽어 본 것이다. 그런데 그게 되는 것이었다. 글자를 보는 눈동자가 빠르게 움직여졌고 건너뛰면서 중요한 단어가 눈에 들어오고 의미가 파악되는 것이었다. 글줄을 3/4쯤 읽어가면 나머지 줄의 글이 눈에 들어오는 것이었다. 그래서 줄을 바꾸어 읽게 되었다. 전보다 훨씬 빠르게 책을 읽을 수 있게 되었다.

후회가 막심하다. 내가 학창시절에 이것을 알았더라면 나에게 얼마나 많은 도움이 되었을까. 수많은 세월을 다 보내 버리고 이제야 이것을 알게 되었으니 한스럽구나. 그러나 이제라도 속독을 할 수 있는 것은 민재 덕분이다.

정읍 쌍둥이 형제의 이야기

정읍의 시골 마을에서 쌍둥이 형제가 나란히 서울대에 합격하였다. 그것도 성적우수 장학생으로 입학하게 되었다. 산골에서 어머니도 없이 할머니와 아버지와 함께 살았던 그들. 그들은 어떻게 공부를 하였을까?

이들이 어려서부터 읽은 책이 어린이들이 보는 책이 아니라 아버지가 보는 상당히 어려운 책이었다는 것이다.

전북대 철학과를 졸업하고 노동운동에 몸 담았던 아버지가 가지고 있는 책들은 인문, 사회과학 등의 책이었다. 동화책이 없었던 산골에서 형제는 어려서부터 아버지의 인문, 철학, 사회과학 등에 관한 책을 읽었던 것이다. 책을 읽다가 어렵거나 모르는 것이 있으면 아버지께 물어 가면서 책을 읽었다. 그것이 밑거름이 된 것이라 볼 수 있다.

아버지는 이들에게 직접 공부를 가르쳤다.

아버지는 이들에게 시험공부를 열심히 하라고 하지 않고 인생에 도움이 되는 공부를 하라고 하였다. 사람이 사람답게 살아가려면 공부를 해야 한다는 것을 알게 하였다.

아이들에게 공부를 왜 해야 하는지에 대하여 알려주었다. 공부란 자신의 삶에 대한 만족도를 높여가는 과정에서 반드시 필요한 것이라는 것을 깨닫게 하였다. 공부가 자신이 살아가는 데 꼭 필요한 것이고 자신의 삶에 유용하도록 제어할 필요가 있다는 것을 깨달으면 그때부터는 공부를 힘들게 하지 않고 재미있게 할 수 있다는 것이다. 이를 위하여 자신의 인생에 대한 설계가 시작되고 이를 추구해 나가는 방법을 물색하게 되는 것이다.

그는 아이들에게 삶의 가치에 대하여 이야기했다. 올바른 가치관을 가지고 살아가야 하는 것을 가르친 것이다. 그러다 보면 자기가 모르는 것이 얼마나 많은가를 깨닫게 되고 이를 깨우치기 위하여 공부를 열심히 하게 된다는 것이다. 그리고 심미적인 공부, 미적 감각을 돕는 공부도 중요함을 일깨워 주었다.

모든 공부의 시작이 언어능력을 신장시키는 데서부터 시작된다고 생각하여 언어능력을 신장시키는 독서를 중요시하였다. 언어능력은 곧 사고능력으로 이어져 사고능력이 신장되면 공부는 저절로 잘 된다는 것이다.

영어의 경우 소리로 접근하는 것이 가장 빠른 방법이기 때문에 듣고 읽는 것에서부터 출발했다. 말하기와 듣기를 동시에 하기 위하여 영국 BBC방송을 다운받아 이를 읽고 번역하면서 공부를 하였다. 또 영화를 볼 때도 영어로 듣다보니 귀가 뚫리더라고 하였다.

공부는 통합적으로 이루어져야 한다고 한다. 수리, 언어를 통합적으로 이해하고 지적능력을 길러가는 것이 교육이라는 것이다.

Chapter VI

독서와 학습

모든 학습의 기초가 되는 독서

나의 학생시절 되돌아보기

◇ 하프타임의 기로에 서서

나는 그동안 어떤 독서생활을 했고 내 자녀에게 어떤 독서지도를 하였는가?

학교에서 돌아온 자녀가 물었다.

"엄마, 지금까지 엄마가 읽은 책 중에서 가장 감명 깊게 읽은 책이 무슨 책인가요?"

자, 무엇이라고 대답할까?

책과 인간

인간이 다른 동물과 다른 점

⇒ 교육을 통한 변화 추구

⇒ 책을 통한 인류 역사와 문명의 계승발전

※ 고달픈 삶 속에서 행복지수를 늘이는 방법은 무엇인가? 가장 쉽고 좋은 방법이 독서다.

인간다운 삶을 위한 노력

삶에 영향을 미치는 것들

⇒ 유전적인 것

⇒ 환경적인 것

⇒ 의지에 의한 것 : 학습에 의한 성취, 독서를 통한 성취

※ 환경은 사람을 지배한다. 그러나 의지는 그 환경을 극복할 수 있다.

독서에 대한 이해

독서의 의의

◇ 독(讀) : 읽을 독. 소리 내어 글을 읽다. 문장구절을 해독하다. 풀다. 설명하다.

◇ 서(書) : 쓸 서. 쓰다. 글씨를 쓰다. 기록하다. 서법.

◇ 독서(讀書) : 책을 읽고 그 내용을 해독하여 설명할 수 있으며, 글로 써서 다른 사람이 알 수 있도록 기록하는 것을 말함.

그러므로 책을 읽기만 하고 나타낼 줄 모르면 독서가 아님. 글이나 그림이나 말로 표현할 수 있어야 함.

독서의 효과

◇ 책 많이 읽는 사람에게 맞설 장사 없다.

◇ 《삼국지》 일곱 번 읽은 사람하고는 말다툼하지 말라.

◇ 대한민국 최연소 퀴즈왕 초등학교 5학년 신정한의 서재에는 1,500권의 책이 있다.

◇ 정읍 산골에서 서울대 합격한 쌍둥이 김상산, 김지산은 초등학교 때부터 철학과 출신 아버지의 책을 이것저것 읽음.

◇ 책을 많이 읽은 학생의 특징 : 고학년으로 갈수록 학습 효과가 높아진다.

◇ 책을 읽지 않으면 점점 무식해진다.

예) 1. 태양계의 위성 : 수금지화목토천해(명×)

2. 시간여행의 가능성 : 빛보다 빠른 중성미자 발견

속독과 책벌레

◇ 속독은 남보다 앞서 갈 수 있는 또 다른 방법이다.
가능하면 속독을 가르치라. 시간과 노력을 절약한다.

◇ 나는 초등학교 3학년 때 선생님과 책 빨리 읽기 시합에서 선생님을 이겼다. 그때부터 책을 많이 읽게 되었다.

아이와 책 읽기 시합을 해 보자. 그리고 아이에게 져줘 보자.

요즘 아이들의 독서관

❀ 위인전 읽어주고 본받기에 대한 질문

"그 사람은 위인이니까 그렇게 했죠."

"저는 못 해요. 힘들어요."

힘들어도 내가 할 수 있다고 생각하면 하려고 한다. 그러나 내가 할 수 없다고 생각하면 하려고 하지 않는다. 어려움을 참고 견디는 인내와 의지가 선행되어야 한다.

자녀의 책읽기 버릇들이기 작전

◇ 집 안에 책을 여기저기 늘어 놓는다.

◇ 책을 가지고 놀도록 한다.

◇ 부모가 먼저 책을 읽고 책의 내용에 대한 이야기를 살짝 들려준다.

◇ 내가 감명 깊게 읽은 책이고 유명인도 읽은 책이라 말한다.

◇ 책방에 가서 직접 책을 고르도록 한다.(전집 구입 금지)

◇ 독후감을 쓰라고 하지 말고 책을 읽고 나면 책에 대한 이야기를 나눈다.

◇ 궁금한 것처럼, 잘 모르는 것처럼 물어본다.

◇ 동생이나 가족들에게 책에 대한 이야기를 들려주도록 부탁한다.

◇ 아이가 어려워하는 분야의 책을 읽게 한다.(수학이 어려우면 수학 관련도서)

독서의 효과

핀란드 사람들의 독서교육

핀란드 사람들의 학력성취는 세계 1위다.

많은 나라의 사람들이 핀란드에 가서 그 원인을 알고자 했다. 그러나 핀란드 사람들은 아무 것도 특별한 것을 보여줄 게 없다고 했다. 핀란드에는 사교육도 없다.

그들의 세계 1위의 원동력은 독서였다. 핀란드 사람들은 어린 아이가 태어나면 책을 한 보따리 선물한다고 한다. 아직은 눈도 제대로 못 뜨는 아기에게 책을 선물하는 나라. 어려서부터 아이를 데리고 도서관으로 가는 나라, 국민의 도서관 이용률이 70%를 넘는 나라. 그것이 세계 1위의 학력 소지의 원동력이다.

우리는 아이가 어렸을 때에 어디로 데리고 갔는지 다시 한 번 생각해 보자.

안철수의 성공 비결

안철수는 독서광이다. 그는 새로운 일을 시작할 때에 그 분야에 관련된 책을 몽땅 가져다가 읽는다. 그 분야에 대하여 일단은 무언가를 알아야 하는데 책만큼 좋은 선생님이 없다는 것이다. 이것이 일을 시작하는 그의 스타일이다.

빌 게이츠의 말

"오늘의 나를 있게 한 것은 마을의 작은 도서관이다."

그는 지금도 새벽에 일어나 두세 시간씩 책을 읽는다. 자녀들에게 컴퓨터를 열심히 공부하라고 하지 않고 책을 열심히 읽으라고 권한다.

성공한 사람들의 대부분은 독서광이다.

독서활동 영역 넓히기

한 번 독서행사에 참가하는 것은 열 권의 책을 읽는 것보다 낫고 교실수업 열 번보다 낫다.

책 읽는 버릇 하나는 확실하게 잡아주자

아이가 어려서부터 부모가 책 읽는 모습을 보고 자랐다면?

안데르센의 부모는 가난했지만 갓난아기 때부터 밤마다 책을 읽어 주었다.

내 아이에게 비친 나의 모습은 무엇일까?

소꿉놀이를 시켜보면 나의 모습이 그대로 드러난다.

"네가 엄마라고 하고, 내가 아기라고 하고 소꿉놀이 해 볼까?"

책읽기나 학습에 관한 소꿉놀이를 해 보자.

내 역할을 맡은 아이가 어떤 말과 행동을 할까?

그것이 현재 아이에게 비친 나의 모습이다.

도서관에 자주 데리고 가자

어려서부터 도서관에 데리고 가는 것은 맹자 어머니가 세 번 이사가는 것과 같은 것이다. 자주 못 가더라도 한 달에 한 번이라도 도서관 가는 날을 정하여 놓고 부모와 같이 도서관에 가자.

그리고 도서관에서 책을 빌려 오자.

독서행사에 자주 참여하자

독서행사에 자주 참여하는 것은 독서에 대한 관심을 높이고 직접체험을 통하여 독서에 대한 활동의 계기가 될 수 있다.

❀ 참가할 수 있는 독서행사

◇ 독서감상문 쓰기대회

◇ 독서감상문 발표대회

◇ 독서감상화 그리기대회

◇ 독서토론대회

◇ 독서왕 뽑기대회

◇ 독서방과후 활동

◇ 독서동아리 활동

◇ 독서교실 참가

◇ 독서캠프 참가

◇ 동화구연대회

◇ 다독자 뽑기

◇ 독서신문 만들기

◇ 동시 낭송대회

독서지도의 유의점

책 고르기

수준에 맞는 책, 또는 다소 수준이 높은 책을 고르라.

쉽게 읽을 수 있는 책은 심심풀이가 된다.

6학년의 자녀가 1학년이 읽어야 할 만화로 된 동화를 읽는 경우가 많다. 그것은 심심풀이로 읽는 것이지 독서에 도움이 되지 못한다.

운동선수가 하기 쉬운 몸풀기만 온종일 한다면 이 사람은 몇 날 며칠을 해도 기능이 늘지 않는 것과 같다.

독서도 자기의 수준보다 다소 높은 것을 읽는 것이 좋다. 사전을 찾아가면서 다른 사람에게 물어 보면서 그렇게 읽는 책이 도움이 된다.

혼자서 책 읽는 아이

어려서부터 혼자서 책만 읽는 아이는 자폐성이 나타날 염려가 있다. 책을 같이 읽고 다른 사람들과 책에 대하여 이야기하고 토론하는 아이하고는 다르다. 책을 좋아하게 하되 혼자서만 책을 읽고 그것으로 그치게 해서는 안 된다. 다른 사람들과 어울리지 못하는 아이는 사회성이 뒤떨어질 수 있다.

수준에 맞는 책을 읽게 하자

읽기 쉬운 책만 여러 번 되풀이하여 읽는 것은 도움이 안 된다. 수준에 맞는 책, 다소 어렵다 할 만한 책을 읽게 해야 한다.

다양한 영역의 책을 읽게 하자

한 영역에 치우치는 것보다 다양한 영역의 책을 읽게 하는 것이 좋다. 그렇게 하는 것이 폭넓은 지식을 얻게 되고 숨겨진 소질과 재능을 찾는 데 도움이 된다.

살아가는 데에 필요한 지식을 얻는 것도 다양한 영역의 독서에서 나온다.

Chapter VII

어릴 때 잡아 주어야 하는 버릇

부모가 해 줘서는 안 되는 일

밥 떠먹여 주기

학교에서는 1학년은 물론이고 유치원생도 점심시간에 제 스스로 숟가락과 젓가락, 식판을 챙긴다. 그리고 혼자서 밥을 먹는다. 그런 아이를 집에 와서는 할머니나 엄마가 밥을 떠먹여 주면 안 된다. 이중적인 식사습관은 아이를 자립하지 못하도록 막는 결과를 만든다.

아침에 깨워 주기

아침에 일어나는 것은 하루의 시작이요 첫걸음이다. 하루의 시작이 다른 사람에 의해 이루어진다는 것은 바람직한 것이 아니다.

어렸을 때부터 혼자서 일어나는 습관을 들여 주어야 한다. 일년 내내 노력하여 혼자 일어나는 것이 이루어진다면 그 후 10년 20년이 편안하다. 이것이 안 되어서 대학생 자녀를 매일 깨우는 부모가 있다. 기분 좋은 말로 깨울 리가 없다. 하루를 상쾌하게 출발 못 하는 원인 중의 하나다.

어떤 부모는 자녀가 학교에 지각할까 봐 걱정이 되어서 깨워 준다고 말한다. 그러나 차라리 한 열흘쯤 지각을 시키는 것이 낫다. 그러면 지각을 하지 않기 위하여 스스로 알아서 일찍 일어난다.

아침에 일찍 일어나는 습관을 부모가 들여 주되 그러지 못하였을 때에는 자신이 일어나는 노력을 하도록 하여야 한다.

다만 예쁜 자명종을 사 주어야 한다. 그 자명종에 의하여 일어나도록 한다. 자명종을 사 주면서 내일 아침부터는 깨워 주지 않겠다고 하고 열흘쯤 지각을 시키면 그때부터는 스스로 일어난다.

열흘 고생시켜서 평생을 편안할 수 있다.

숙제 해 주기

부모가 숙제를 해 준다는 것은 절대로 아이를 돕는 일이 못된다.

1학년 입학 초기야 다소 도와준다고 하지만, 계속하여 도와주어서는 안 된다. 서툴더라도 아이가 직접 하게 해야 한다. 그러면 고학년에 가서는 부모가 해 준 아이보다 더 잘할 수 있다.

저학년 때부터 부모가 숙제를 해 주기 시작하면 그 아이는 고학년에 가서도 제 힘으로 숙제를 하지 못한다. 한다 하더라도 잘하지 못하고 대강대강 하게 된다.

준비물 챙겨 주기

준비물도 스스로 필요한 것을 챙겨 가도록 해야 한다.

한두 번 챙겨 주기 시작하면 제가 챙겨야 한다는 인식을 하지 않게 된다. 세월이 가고 학년이 올라가도 계속된다.

또 아이가 챙기지 못한 준비물을 부모가 가지고 학교로 달려가서는 안 된다. 아이가 준비물을 챙기지 못하여 선생님께 혼나면 한 번으로 끝나지만, 부모가 준비물을 학교로 가져다 주면 계속 이어질 수가 있다.

입에 맞는 반찬 따로 만들어 주기

반찬을 따로 만들어 주는 일도 바람직스럽지 못하다.

어린 아기 때는 어쩔 수 없이 따로 만들어 준다. 하지만, 학교에 입학한 뒤에도 아이가 좋아하는 반찬을 따로 만들어 준다는 것은 아이의 식습관을 나쁘게 들이는 것이고 편식을 유도하는 것이 된다. 차라리 부모가 아이의 식습관에 맞추더라도 따로 만들지 말고 온 식구가 같은 것을 먹는 것이 좋다.

공부하라고 집안 행사에서 제외시키는 것

가족은 가족으로서의 책임과 의무를 질 때에 일을 더 열심히 한다. 자기 것을 소중히 여기고 아끼는 것이 자본주의 기본적인 경쟁의식이다. 이것이 발전의 원동력이 된다.

그런데 가정행사에 공부하라고 제외를 시키면 가정이나 가족에 대한 의무감과 책임감을 갖지 않게 된다. 가정행사는 세상을 살아가는 데 겪어야 하는 소중한 행사다. 그러므로 가정행사에 반드시 참여시키고 맡은 책임을 다하도록 하여야 한다.

예를 들면, 일 년에 한 번씩 있는 가족이나 친척의 야유회에 너는 공부해야 하니까 참가하지 말고 도서관에 가서 공부를 하라고 한다든가, 외할아버지께서 돌아가셨는데 너는 시험이 며칠 안 남았으니 장례식장에 오지 말고 공부하라고 해서는 안 된다.

또 하나, 일 년이면 몇 차례씩 행하는 김치 담그기에 대하여 자녀들을 제외시켰기 때문에 시집갈 때까지 김치를 담글 줄 몰라 친정어머니가 김치를 담가다 나르는 일이 벌어진다.

어렸을 때부터 김치 담글 때 참여시켰더라면 자동적으로 배워서 김치를 잘 담글 것이고 친정어머니에게 김치를 담가다 줄 것이다.

바르게 고쳐 주어야 할 버릇

밥 먹을 때 TV를 켜 놓는 습관

흔히 어릴 때 밥을 먹으려 하지 않으니까 TV를 켜 놓고 밥을 먹이게 된다. 그러나 이것은 좋은 습관이 아니다. 가능하면 가족들이 한데 모여 정해진 시간에 식사하는 것이 좋다. 그때에 텔레비전을 켜서는 안 된다. 식사시간만이라도 가족들끼리 마주보며 이야기를 나눌 수 있어야 한다. 적어도 식사시간만은 가족들의 대화 시간으로 삼아야 한다.

가족들이 다같이 못 먹더라도 아이가 학교에 입학하고 나서는 텔레비전을 보면서 식사하는 것은 금해야 한다. 밥 먹을 때는 밥 먹는 일에 열중해야 한다.

어려서부터 TV를 많이 보게 하면 자폐성이 나타날 수 있고 사람과의 대화가 원만하게 이루어지지 않을 수도 있다. TV를 보는 것보다 엄마가 책을 읽어주는 것이 훨씬 낫다.

귀에 이어폰 꽂고 공부하는 버릇

이어폰을 꽂고 공부하는 버릇은 단호히 막아야 한다. 공부는 정신을 집중해서 하여야 하는데 이어폰을 꽂고 공부하면 정신집중에 방해가 된다. 사람은 동시에 두가지 일에 집중할 수는 없다. 특히 공부는 집중해서 하는 것이기 때문에 이어폰을 꽂고 음악을 들으면서 공부하는 것은 좋지 않다.

어려서부터 공부할 때 집중하던 아이도 중 · 고등학생이 되면 이어폰을 귀에 꽂고 공부하려 하는데 어려서부터 그것을 허용하면 이어폰을 꽂지 않고는 공부를 할 수 없게 되어 버린다.

공부할 때 들락거리는 버릇

공부할 때에 들락거리는 것은 안 된다. 한 번 공부를 하려고 마음 먹고 책상에 앉았으면 정신을 집중하여야 한다. 부모가 과일을 가져다 준다거나 전화를 바꾸어 주는 것도 안 된다.

또 하나, 공부할 때 대충 알고 넘어가는 것은 나의 지식으로 정착하는 데 도움이 안 된다. 확실하게 나의 지식으로 만들려면 대충 알고 넘어가서는 안 된다.

공부는 기본과 기초를 튼튼히 해야 한다.

어려운 문제를 풀 때에 잠시 생각하다가 어렵다고 그만 둔다든가, 금방 해답을 보려고 한다든가 해서는 안 된다. 오랫동안 골똘히 생각하고 이리저리 궁리하는 습관을 들여야 한다.

이것을 위해서는 어려서부터 퍼즐맞추기나 장난감 조립에 대한 훈련을 해야 한다.

♤ **민서의 '월'자 쓰기**

핸드폰으로 외할머니께 문자를 보내던 다섯 살짜리 민서가 낑낑 대고 있었다. '월'자가 안 써진다는 것이었다. 엄마가 가르쳐 준다고 해도 제가 써 보겠다고 거절하였다.

한 시간쯤 지났다.

"야, 썼다!"

민서의 고함소리가 났다. 그야말로 '유레카!'다.

그 후로 민서는 글자쓰기는 무엇이든지 다 하였다.

부모를 이겨 먹는 고집

고집이 센 사람은 남의 의견을 듣지 않고 존중하지도 않는다. 이는 의지가 강한 것하고는 다르다. 어릴 때에 부모의 말을 듣지 않는 아이가 철이 들면 남의 말을 들으리라고 생각하는 것은 오산이다.

반드시 해야 할 일이라든가 옳은 일에는 자녀가 고집을 부리더라도 이를 꺾어야 한다. 그리고 부모의 옳은 말에는 순종하도록 해야 한다. 부모뿐만 아니라 누구의 의견이든 옳은 말에는 따르도록 해야 한다.

부모가 아이에게 져서는 안 된다.

처음에는 안 된다고 해놓고 아이가 졸라댄다고 자녀의 뜻대로 끌려가서는 안 된다. 안 되는 것은 끝까지 안 되는 것이다.

휴일이나 방학 동안의 나태함

방학 동안이라고 해서 게으름을 피우거나 느슨해져서는 안 된다.

방학 동안에는 오히려 다른 때보다 더 부지런을 떨어야 한다. 그래야 방학이 끝나고 나면 남는 게 있다. 무언가 새로운 것을 이룰 수 있다는 것은 두고두고 보람 있는 일이다. 그러므로 방학을 절대로 쉬는 기간으로 남겨서는 안 된다. 다만 학과공부에서 벗어나 평소에 할 수 없었던 일을 하도록 하는 것이 좋다. 방학뿐만 아니라 휴일도 마찬가지다. 일요일에 그동안 못 했던 일을 마쳐 놓아야 월요일부터 홀가분하게 새출발을 할 수 있다.

고등학교에 가면 독서할 시간이 없다. 그러니까 필요한 책을 읽을 수가 없다. 지금까지 읽어 놓은 책들이 밑거름이 되어 학습을 뒷받침한다. 그러므로 성적에 구애받지 않는 초등학교 때에 책을 많이 읽어 두어야 한다.

거짓말이나 도벽

자녀가 가지고 있는 좋지 않은 버릇은 반드시 고쳐 주어야 한다. 어렸을 때에 고쳐 주지 않으면 성장하여 고쳐 주기는 어렵다. 우발적으로 생기는 버릇도 마찬가지다.

○ 손가락을 자르겠다는 어머니

자녀가 초등학교 3학년 때 친구들하고 가게에 가서 과자를 훔쳐 먹었다. 가게 주인으로부터 이 말을 전해들은 어머니는 자녀를 불렀다. 그리고 주방에 가서 칼을 가지고 왔다.

"중동에서는 도둑질을 한 사람은 손가락을 자른다고 하더라. 너도 오늘 도둑질을 하였으니 네 손가락을 잘라야겠다. 손가락을 내놓아라."

아이가 사색이 되어 잘못했다고, 다시는 그런 짓 하지 않겠다고 빌었다. 그 아이가 군대에 갔다 와서 어머니께 말했다.

"제가 어떤 유혹에 빠졌는데 어머니께서 손가락을 자르겠다던 생각이 나서 그 유혹을 뿌리칠 수 있었습니다."

○ 아버지가 원망스러운 아이

초등학교 때 잘못을 저질렀다.

아버지가 버릇을 고친다고 마구 때렸다. 손으로 때리고 발로 찼다. 그것 때문에 아들은 아버지를 폭력자로 인식했다. 가르치려고 그런 게 아니고 화풀이를 했다고 생각했다. 그는 원망스러운 아버지가 되었다.

공부할 때의 주의집중 부족

학습의 효과는 학습자가 얼마만큼 정신을 집중하느냐가 중요하다. 그러므로 예습보다는 복습이 낫다. 학교수업이 중요하므로 학교에서 선생님의 설명을 주의 깊게 듣기 위해서는 예습을 하지 않는 것도 하나의 방법이다.

다만 내용이 어려워 선생님의 설명을 듣고 이해하기 어려운 부분에 대해서는 미리 공부를 해 가는 예습이 효과적이다.

그러나 한 달이나 6개월 전에 하는 선수학습은 생각해 볼 문제다. 오히려 미리 공부했다고 선생님과 공부할 때 소홀히 한다면 하지 않는 것만 못하다.

대충 알고 넘어가기

공부를 할 때에 중요한 내용을 대충 알고 넘어가서는 안 된다. 중요한 내용은 확실하게 내용을 익히는 버릇을 들여야 한다. 몇 번이고 반복하고 잊히지 않는 방법으로 반드시 외워두는 버릇을 들여야 한다.

어려움을 참지 못하는 나약함

영리하지만 참을성이 없는 사람과 영리하지는 않지만 참을

성이 많은 사람 중 누가 성공할 수 있을까? 끈기 있는 자가 성공한다.

어려움을 참지 못하는 나약함은 일을 성사시키는 데 방해가 된다. 따라서 어려움을 참고 고난을 극복할 수 있는 강한 의지가 있어야 한다. 하나의 고난을 극복하면 또 다른 고난도 극복할 수 있다.

❊ 나의 고난 극복

나는 초등학교 때 심한 말더듬쟁이였다. 말을 더듬어서 손을 들고 책을 읽는다거나 발표를 거의 하지 못하였다. 그것이 중학교와 고등학교로 이어져 학창시절을 어둡게 지냈다.

그러나 내 스스로 말더듬을 극복했을 때 자신감이 생기고 어려운 일을 무서워하지 않게 되었다.

❊ 고난 극복의 효과

상당히 어려운 일, 어쩌면 불가능하다고 생각되는 일을 이루었을 때, 그때에 사람은 자신감을 가지게 되고 살맛을 느끼게 된다. 그리고 그와 유사한 어려움도 극복할 수 있다.

자녀와 대화의 길 열어 놓기

어렸을 때에 미리 길을 열어 놓자

아이가 중학생이 되고 고등학생이 되면 부모와의 통로가 막힌다고 한다.

그러나 초등학생 때부터 길을 잘 열어 놓은 사람들은 중·고교생이 되어도 통로가 막히지 않는다. 그래서 모든 것을 터놓고 상의를 하게 된다.

어느 학교의 선생님은 아들이 고등학생으로 학교 기숙사에 있는데 토요일에 집에 왔다가 일요일에 학교로 갈 때에 상당히 먼 길을 아이와 학교까지 걸어가면서 이야기를 한다고 한다.

나중에 철들면 통하겠지 하는 생각은 참으로 불안한 기대다. 세 살 버릇 여든까지 간다는 말은 그냥 생긴 말이 아니다. 어렸을 때에 버릇을 잘 들여야 하고 이때에 심혈을 기울여 다듬어야 한다. 대화도 마찬가지다.

부드러운 부모가 되려면

부드러운 어머니가 되려면 한없이 부드러워야 한다.
아이가 감동을 할 만큼 부드러워야 한다.
애매모호하게 부드러웠다가는 아이에게 끌려다닌다.

❀ 사정하며 벌 세우는 부모

"너 손들고 서 있어! 안 할 거야! 손들고 서 있으라고! 제발 말 좀 들어. 이렇게 손들고 서 있으라고!"

이런 부모는 차라리 벌을 주지 않는 것만 못하다.

자녀에 대한 기록 남기기

내 아이에 대한 기록이 있는가?

아이에 대한 기록을 남기자.

아이에 대한 어떤 기록이 있는가?

육아일기를 쓴 사람이라면 더없이 좋은 기록이 될 것이다.

육아일기는 아니더라도 몇 줄의 글이라도 있어야 한다.

아이가 성장했을 때에 어린 시절을 물으면 무엇을 알려 줄 것인가? 기억에는 한계가 있다. 알려 줄 게 별로 없어서는 안 된다.

〈예〉

◇ 아이가 밤 열두 시까지 책을 읽었다. 별일이다.

◇ 아이가 장차 부자가 되겠다고 한다. 기분이 좋다.

◇ 아이가 학교에서 협동상을 받아 왔다. 사회성이 좋은가 보다.

♤ 어떤 가족의 이야기

ㅇ 마음껏 더워

가족들이 외식을 하러 갔다. 할머니께서 민서에게 말씀하셨다.

"마음껏 먹어라."

민서가 물었다.

"마음껏이 무슨 말이에요?"

"응, 많이 먹으라고."

잠시 뒤에 민서가 말했다.

"엄마, 나 마음껏 더워."

ㅇ 아프리카 군인들

유치원에 다니는 민재가 현장학습으로 향토보병사단에 갔다 와서 이렇게 말하는 것이었다.

"35사단에 갔더니 아프리카 군인들이 많아요."

"아프리카 군인들이 아니야. 얼굴이 새까맣게 타서 그렇지 우리나라 군인들이야."

"아니에요. 군인들이 걸어가는데 대장이 큰소리로 이렇게 말했어요. '아프리 카!' "

유치원에 다니는 아이는 TV에서 '아프리카'라는 말은 많이 들어 봤어도 제식훈련 때 쓰는 '앞으로 가!'는 안 들어 봤던 것이다.

Chapter VIII

공부는 마라톤이다

서두르지 말자

공부는 마라톤이다.

마라톤은 금방 잘 달릴 수 있는 것이 아니다.

힘을 내어 달린다고 끝까지 힘껏 달릴 수 있는 것이 아니다.

처음 앞섰다고 끝까지 앞서서 달릴 수 있는 것도 아니다.

오랜 세월 준비를 하고 체력을 튼튼하게 길러 놓아야 한다. 끊임없이 연습하여 장거리를 달릴 수 있는 바탕을 마련해 놓아야 한다.

의욕만 가지고도 안 되고 참고 견디는 것만 가지고도 안 된다. 모든 것이 갖추어졌을 때 끝까지 달릴 수가 있고 선두로 골인도 할 수 있는 것이다.

공부도 마찬가지다.

초등학교 1학년에 입학하자마자 공부 잘하기를 기대해서는 안 된다.

처음에 공부를 잘하게 되었다 하더라도 그것이 끝까지 간다는 보장이 없다. 그러므로 공부를 잘할 수 있도록 준비시키고 기틀을 마련해 주어야 한다. 그것이 부모가 할 일이다.

반드시 준비해 주어야 할 것들은 다음과 같다.

◇ 독해력

◇ 인내력

◇ 사고력

◇ 창의력

◇ 이해와 배려

◇ 사회봉사정신

준비를 하자

마라톤은 장거리 달리기다.

42.195km를 쉬지 않고 달려가야 한다.

도중에서 그만두면 지금까지 달려 온 공로가 헛일이 된다.

일단 출발을 했으면 끝까지 달려가야 한다.

끝까지 잘 달리려면 어떻게 해야 할까?

준비를 잘 해야 한다.

우선 달리기의 기초가 되는 체력을 길러야 한다. 몸의 근육은 물론이고 심폐기능과 지구력까지 길러야 한다. 먼 거리를 장시간 달릴 수 있는 인내력도 길러 놓아야 한다. 모든 조건을 갖추어 놓아야 한다.

준비를 잘 할수록 달려가기가 수월해진다.

공부도 마찬가지다.

아무런 준비도 없이 초등학교 1학년에 입학을 시켜 놓고 1학년 때부터 1등을 하기를 원하고 올백을 맞기를 기대해서는 안 된다.

1학년 때부터 1등을 하고 올백을 맞았다면 이 아이는 공부를 잘할 수 있는 재질이 있는 것이다. 다른 아이보다 선제조건이 좋은 것이다. 거기에 공부를 잘할 수 있는 준비를 해 나가야 한다.

처음부터 멀리까지 가야 함을 알자

마라톤은 오래 달리기라는 것을 알아야 한다.

내 의욕만 믿고 힘껏 달린다고 잘 달릴 수 있는 운동이 아니다.

그렇기 때문에 출발부터 조급증을 내어 오버를 하면 끝까지 가지도 못하고 만다. 멀리까지 잘 달릴 수 있는 조건을 갖추어야 한다.

공부도 수십 년을 해야 하는 장기간의 고행이다.

단숨에 성과를 기대해서는 안 된다. 적어도 16년이라는 긴 기간이 지나고 나서 결과를 기대해야 한다. 그 기간 동안에 준비를 철저히 하고 기초를 튼튼히 쌓아서 어떤 문제가 닥쳐도 그것을 해결해 나갈 수 있게 해야 한다.

예를 들면, 대학입학시험 때 치르는 논술을 초등학교 1학년 때부터 가르친다고 되는 것이 아니다. 초등학교 때는 논술의 기초가 되는 독서에 주력하고 글쓰기를 병행해야 한다. 그리고 고등학교에 가서 논술에 대한 기능을 공부해야 한다.

처음부터 앞서 가지 말자

마라톤은 처음에 앞장선 사람이 끝까지 앞서서 달린다는 보장이 없다.

처음부터 앞장서서 달리는 사람은 초반에 힘을 소진하여 중반부터 지치게 된다. 처음부터 앞장서서 달리라고 성화를 대어서도 안 된다.

1학년 입학하자마자 1등을 하라고 한다든가, 올백을 맞아오라고 성화를 대어서는 안 된다. 골인지점은 아직 멀고도 멀었다.

멀리 갈 사람은 처음부터 앞서려고 서두르면 나중에 지쳐서 결국은 뒤지고 만다.

처음부터 앞서려고 하지 말고 처음에는 컨디션을 조절해서 멀리까지 갈 수 있는 여건을 만들어야 한다. 그 여건은 모든 준비에서 이루어진다. 체력을 튼튼하게 만들어야 하고 참고 견디는 인내가 있어야 하고 다른 사람들보다 힘들이지 않고 달릴 수 있는 방법도 터득해야 한다.

후반부에 지치지 않게 하자

모든 경기가 그렇지만 특히, 마라톤은 후반부에서 지치면 끝까지 달릴 수 없게 된다. 그동안 잘 달려 왔던 것이 수포가 될 수도 있다.

그러므로 체력을 안배하여야 하고 지치지 않도록 단련도 하여야 한다.

공부도 마찬가지다.

후반부인 고등학생 때에 지치거나 포기해서는 안 된다. 그러나 아무것도 쌓아 놓은 것도 없고 단련해 놓은 것도 없을 때에는 힘을 내고 싶어도 낼 수가 없다. 그때에 지치거나 힘을 내도록 밑받침을 든든하게 마련해 놓아야 한다.

평생 도움이 될 좋은 습관 하나 들여 주기

❀ 티끌 모아 태산

작은 것들이 쌓이면 큰 것들이 된다.

작은 습관 하나가 일생 반복되면 엄청난 효과를 발휘한다.

다른 사람보다 한 시간 일찍 일어나는 사람은 1년이면 365시간이고 이것은 15일을 더 활동하는 것이다. 10년이면 5개월을 더 활동하는 것이고 일생 80살이라 한다면 3년을 더 사는 것이다.

어려서부터 운동을 하는 사람, 주의집중을 잘하는 사람, 창의적인 사람, 적극적인 사람, 인내력이 있는 사람은 그만큼 쌓인 것이 많아지게 된다.

부모가 자녀에게 평생 간직할 수 있는 좋은 습관 하나 들여 준다면 가장 값진 보물이 될 것이다. 이것은 마라톤을 끝까지 마칠 수 있는 하나의 좋은 방법이기도 하다.

Chapter IX

가정에서 할 수 있는 글쓰기 지도

글을 쓰는 마음의 바탕

글을 쓰는 마음은 사랑하는 마음

사람의 모든 행동의 근원은 마음이다. 그 사람이 세상의 모든 사물을 사랑하는 마음이 있을 때 사랑하는 행동이 나타나는 것이다. 글을 쓰는 사람의 마음은 사랑하는 마음이어야 한다.

작은 돌멩이 하나, 이름 없는 풀 한 포기, 말없는 나무토막 한 개, 모래알 하나……. 이것들도 무심히 보아 넘기지 않고 내 친구나 우리 가족, 나아가서는 나라고 생각한다면 자세히 들여다보게 되고 때로는 불쌍해지기도 하고 안타까운 마음도 생긴다.

그때의 생각이나 느낌을 글로 쓴다면 자기만이 쓸 수 있는 좋은 글이 되는 것이다.

글을 쓰는 사람은 '나'

이 세상 모든 사물의 척도는 '나'이다. 내가 없으면 이 세상의 모든 것이 다 소용이 없다. 내가 태어나지 않았다면 엄마도 아빠도 형도 언니도 동생도 있을 수 없다. 우리 집도 우리 학교도 없게 된다.

글을 쓰는 사람 자신이 쓰는 것이다. 내가 주인이다. 내가 보고 듣고 느낀 것을 쓰는 것이다. 그러기 때문에 다른 사람의 생각이나 누구나 다 아는 상식, 또는 누구나 느낄 수 있는 감정을 글로 써 놓는다면 아무도 읽으려 하지 않을 것이다. 나만이 생각할 수 있고 나만이 표현할 수 있는 소재로 글을 써야 좋은 글이 된다.

특수한 체험을 포착해야 한다

누구나 쓸 수 있는 평범한 사실이나 생각은 좋은 글이 될 수 없다.

평소에 경험할 수 없었던 것, 일상생활에서 느낄 수 없었던 것, 순간 순간에 나오는 기쁨과 환호성, 이런 것들을 소재로 삼아야 한다.

"축구를 했다. 우리 편이 이겼다. 기분이 좋았다."

그리고는 쓸 말이 없는 사람이 많다. 그것은 누구나 쓸 수 있는 글이다. 자기만의 글이 아니다.

'골인의 순간' 이라고 하면 좀 더 독특해진다. '내가 골인을 시키던 순간' 이라고 한다면 더욱 뚜렷해진다. 순간 순간에 터져 나오는 환호성이나 한숨이 푸우 나오는 순간의 감정을 포착하여 쓰면 자기만의 좋은 글이 된다.

호기심을 불러일으키는 내용이어야 한다

글은 재미있어야 한다. 무언가 새롭고 관심을 끌 수 있는 내용이어야 한다. 내가 이 글을 읽는다면 재미가 있을까? 내가 이 글을 심사한다면 당선시킬까, 탈락시킬까를 한 번쯤 생각해 보아야 한다.

처음을 잘 써야 한다

글의 처음은 그 글의 얼굴이다.

처음부터 읽을 마음을 불러일으키지 못하면 중간에 아무리 좋은 내용이 있어도 읽지 않는다. 그러므로 글을 읽는 사람의 마음에 호기심을 불러일으키도록 기대를 갖게 해야 한다.

자세히 관찰하고 깊이 생각하기

글을 잘 쓰려면 어떤 사물을 자세하게 관찰하여야 한다. 길가에 피어 있는 꽃 한 송이, 개미 한 마리도 자세하게 관찰을 하여 그 특징을 찾아내야 한다. 그리고 그것에 대하여 깊이 생각해 보아야 한다. 그래야 다른 사람들이 생각하지 않았던 자기만의 표현이 나온다.

소재는 작은 것으로, 표현은 자세하게

글을 읽는 사람의 마음을 사로잡으려면 기내가 한곳으로 모아져야 한다.

토요일 오후에 냇가에 고기를 잡으러 가기로 했다면 아침부터 행동이 고기잡이 가는 것으로 모아져야 한다. 그래서 다른 때보다 일찍 일어나고, 일찍 학교에 가고, 아침자습 시간이나 수업시간에 고기잡이 생각만 하다가 선생님께 혼이 나기도 하고 끝나는 신호가 반갑게 들리기도 한다.

글의 표현은 마음의 움직임까지 자세하게 표현하는 것이 좋다.

모든 글에는 사건이 있다

모든 글에는 줄거리가 있다. 그리고 이야기의 진행에는 단계가 있다. 발단 – 전개 – 절정 – 결말이 그 단계이다. 여기에서 가장 중요한 단계가 절정 단계이다. 여기를 향하여 모든 글이 진행된다.

이 절정을 보다 강하게 나타낼 수 있는 방법을 여러 각도에서 생각해 보아야 한다.

글은 짓는 것이다

흔히 솔직하게 써야 한다는 생각에서 자기가 했던 일만을 그대로 써야 한다고 생각하는 사람이 많다. 물론 일기나 수기는 있는 사실을 그대로 써야 한다. 그러나 다른 글은 있을 수 있는 일을 생각해서 쓰는 것이다. 다만 생각하는 힘을 자기의 경험에서 얻는 것이다. 상상의 나래를 펴서 있을 수 있는 이야기로 구성하여 쓰면 된다.

글에는 꿈이 있어야 한다

글은 읽는 사람으로 하여금 꿈과 소망을 갖게 해야 한다. 마음을 안정시켜 주고 위로해 줄 수 있어야 한다. 현실의 세계에는 없지만 마음속에 그리는 생각, 멀리 있는 세계를 들여다보는 그리움과 부러움이 함께 표현되어야 한다.

남의 글을 읽어 보고 많이 지어 보아야 한다

남의 글을 읽어봄으로써 내 생각과 비교해 볼 수가 있다. 그래서 내가 미처 생각하지 못했던 점을 찾아낼 수 있고 내 표현방법의 미숙함이나 구성의 잘못도 찾아낼 수 있다.

또한 글을 많이 지어 보아야 한다. 자주 지어봄으로써 글을 쓰는 마음과 기량이 닦이며 자신감이 생기기 때문이다.

늘 관심을 가지고 끊임없이 노력해야 한다

티끌 모아 태산이라는 말이 있다.

이 말은 세상을 살아가는 모든 사람들에게 약이 되는 귀한 말이다. 한꺼번에 많은 노력을 들여 힘을 쓰다가 한동안 쉬어버리는 방법은 좋은 방법이 아니다.

매일 매일 쉬지 않고 끊임없이 노력하는 방법이야말로 최선의 방법이다.

일기 쓰기 지도

일기쓰기에 앞서 생각해 볼 일

※ 생각해 보기, 하나

임진왜란 때에 이순신 장군이 난중일기를 쓰지 않고 원균이 난중일기를 썼다면 오늘날 이순신과 원균에 대한 평가가 어떻게 되었을까?

※ 생각해 보기, 둘

500년 후에 여러분이 쓴 일기장이 발견이 된다면 어떤 일이 벌어질까? 그 일기장은 어떻게 될까?

소중한 역사적인 자료가 될 것이다. 문중의 가보가 될 것이다.

그런데 겨우 두 줄이나 석 줄 정도 형식적으로 적혀 있다면 후

손들이 뭐라고 평을 할까? 글씨가 엉망으로 적혀 있다면 또 뭐라고 말을 할까?

좋은 일기를 쓰려면

◇ 매일 되풀이되는 일은 쓰지 않는다. 쓰려면 그 일에 대한 생각을 쓴다.
◇ 하루 생활 중 중요한 사건이나 가장 인상 깊었던 일을 골라 쓴다.
◇ 행동했던 것보다 생각이나 느낌을 많이 쓴다.
◇ 언제, 어디서, 무엇을, 어떻게 했는지를 분명하게 알 수 있도록 자세히 쓴다.
◇ 문장을 아름답게 꾸며서 쓴다.
◇ 중심내용을 뚜렷하게 쓴다.
◇ 일기의 내용이 글감이 된다.
◇ 다양한 형식의 일기를 쓰도록 한다.

일기 쓰기의 지도

❀ 일기쓰기의 실제적 지도

♤ 일기 쓰는 시간의 자유화

일기는 원칙상 그날 하루 일과가 끝난 뒤 하루 생활을 반성하면서 써야 한다.

그러나 실제적으로 그러다 보면 피곤하여 적당히 간단하게 쓰려고 한다. 또 깜빡 잊어버릴 때도 있다. 그래서 일기 쓰는 시간을 따로 정하지 말고 어느 때든지 쓸거리가 있을 때는 일기를 쓰도록 하면 좋다. 오전에 일기를 썼는데 오후에 중요한 일이 생겼을 때에는 또 쓰도록 한다. 일기는 한 가지만 쓰는 게 아니고 기록해 둘 만한 일이 있을 때에는 여러 가지를 기록해 두는 것이 좋기 때문이다.

♤ 일기의 날짜 소급 금지

일기를 쓰지 못하고 지나가 버린 날짜를 나중에 쓰겠다고 비워 두어서는 안 된다. 지나가 버린 날짜는 그냥 넘기고 일기를 쓰는 그날에 지나간 일들을 기록하면 된다. 어제, 혹은 그저께 이러이러한 일들이 있었다고 쓰고 그날 일을 또 쓰면 된다. 일기장을 비워놓고 나중에 쓰겠다고 한 것이 일기를 중단하는 원인이 된다.

♤ 일기장의 선택

가게에서 파는 일기장은 기록해야 할 것들이 많이 있다. 일어난 시간, 잠자는 시간, 잘한 점, 반성할 점, 학습내용, 과제 등의 난이 있다. 그것을 다 기록해야 하는 줄 알고 무엇을 쓸까 고민하다가 거짓으로 적기도 한다. 또 한쪽이 다 차면 성급히 끝을 맺기도 한다. 그러므로 자유롭게 쓸 수 있는 공책을 사용하는 것이 좋다.

♤ 일기 쓸거리 만들기

일기 쓸 게 없다고 생각하는 사람은 일기 쓸거리를 만들어야 한다. 비를 들고 마당도 쓸고 방 청소도 해 보고 평소에 읽지 않았던 책을 읽는다거나 엄마가 하시던 설거지나 바느질을 해 보는 것도 한 방법이다.

♤ 특수체험의 포착

일기 쓰기에 있어서 특수체험의 포착은 일기를 잘 쓸 수 있는 제재가 된다. '축구를 했다. 우리 편이 이겼다. 기분이 좋다.' 그리고는 쓸 게 없는 경우에는 특수체험의 포착이 이루어지지 못했기 때문이다. '어떻게 해서 이겼는가? 골 넣었을 때의 기분은 어떠한가? 아쉬운 점은 없었는가?' 등등 그 순간의 생각과 느낌을 포착하여 써야 한다.

♤ 주제의 선택

흔히 주제나 제목을 쓰라고 하면 막연하게 '축구, 숙제, 놀기' 등으로 쓴다. 그러나 좀 더 구체적으로 표현할 필요가 있다.

'골인의 순간, 힘들었던 나눗셈, 아쉬운 놀이' 등의 주제에 따른 제목을 붙인다면 줄거리 중심에서 탈피하여 생각이나 느낌을 중심으로 일기 쓰기를 할 수 있다.

♤ 개인의 정서발달 수준에 맞는 일기 쓰기

고학년인 경우도 한글 미해득자가 있고 저학년인 경우도 문장력이 우수한 어린이가 있다. 1학년은 그림일기, 고학년은 생활

일기라고 획일적으로 지정하는 것은 개인 수준에 맞는 지도가 못 된다. 학년 수준이 아닌 개인의 정서발달 수준에 맞도록 써야 한다. 그림 그리기를 좋아하는 어린이는 그림일기를 계속하여 쓸 수도 있고 시조를 잘 짓는 어린이는 시조 짓기로 일기를 쓸 수도 있다.

♤ **일기 쓸거리가 없을 때의 글감 찾기의 예**

◇ 얼굴을 거울에 비춰보고 잘생긴 곳, 못생긴 곳 적어 보기
◇ 자기 얼굴을 성형한다면 어디를 어떻게 할 것인가 적어 보기
◇ 가족들의 좋은 점, 특기, 가족들에게 바라는 점 써 보기
◇ 우리 집을 새로 짓는다면 어떤 구조로 지을지 써 보기
◇ 화분의 화초 자세히 적어 보기
◇ 편지 쓰기(친구, 선생님, 부모님, 친척……)
◇ 나의 장래 모습 상상하기(10년, 20년, 30년 후의 모습)
◇ 내가 국가대표 선수라면?(축구, 야구, 농구, 스키, 탁구……)
◇ 동시, 동요, 독후감, 생활문, 논설문 등 글짓기
◇ 컷이나 만화, 그림 그리기
◇ 밥 한 끼 굶어보면서 그 과정과 소감 쓰기…… .

감상문 쓰기 지도

독서감상문에 앞서 지도해야 할 감상문

❀ 갓난아기 때의 감상문

우리의 감상문 중에서 독서감상문이 처음은 아니다. 독서감상문은 글자를 알고 책을 읽고 글을 쓸 줄 안 뒤에야 가능한 감상문이다. 그러나 이보다 앞서 많은 감상을 경험하였다.

♤ 그림 감상문

갓난아기 때에 엄마가 무릎에 앉히고 보여 주었던 것이 그림책이다. 그때에 아기가 말을 하였다.

"이 토끼 참 예쁘다. 엄마, 이 토끼랑 놀고 싶어."

이것이 아기의 첫 감상문이다. 비록 글로는 쓰지 않았지만, 말로써 한 감상문이다. 아기가 자기의 생각과 느낌을 말한 것이다.

이때의 감상문이 줄거리만 잔뜩 써 놓고 '나도 나라를 위하여 훌륭한 사람이 되겠다.'라고 쓴 6학년 학생 독서감상문보다 훨씬 나은 감상문이다.

♤ 음악감상문

"엄마 앞에서 짝짝꿍, 아빠 앞에서 짝짝꿍."

노래가 나오면 손뼉을 치면서 몸을 움직이다. 음악에 대한 자기의 감동을 표현한 것이다.

♤ 영화감상문

TV나 비디오로 영화를 열심히 보고 있는 아기에게 엄마가 묻는다.

"재미있니?"

"응, 재미있어. 백설공주가 너무 불쌍해."

자기의 생각과 느낌을 이야기한 것이다.

♤ 기타 감상문

"엄마, 이 꽃이 더 예뻐, 내가 더 예뻐?"

"엄마, 하늘이 이사 가. 큰 놈이랑 작은 놈이랑."

"우리 할머니는 이빨이 세 개 밖에 안 났어. 언제 다 나오지."

꽃에 대한 감상, 풍경에 대한 감상, 인물에 대한 감상을 말한 것이다.

감상문의 이해

✻ 감상문이란

감상문은 책을 읽었거나 음악을 감상하였을 때, 그리고 영화나 연극을 보았거나 그림을 감상하였을 때 느끼는 자기의 생각과 느낌을 글로 쓴 것을 말한다.

가장 대표적인 것이 독서감상문이며 음악감상문이나 영화감상문, 그림감상문 등이 모두 감상문에 속한다.

✻ 감상문의 종류

◇ 독서감상문

◇ 영화, 연극감상문

◇ 음악감상문

◇ 미술감상문

◇ 기타 감상문

✻ 감상문을 쓰기 위한 준비

◇ 작품 선정하기

◇ 작품을 정성들여 읽거나 감상하기

◇ 주요내용 메모하기

◇ 줄거리 정리하기

◇ 감동을 받은 부분 발췌하기
◇ 자기의 생각이나 느낌 정리하기

※ 감상문 쓰기

ㅇ 제목 정하기

감상문의 제목은 아주 중요하다. 제목은 그 글에 대한 가장 짧은 요약이기 때문이다. 제목에 따라서 글을 쓰는 방법이나 방향이 달라지기도 한다.

ㅇ 제목을 정할 때의 유의점

◇ 책이나 음악, 미술, 영화의 제목을 그대로 자기가 쓰고자 하는 감상문의 제목으로 정하지 말고 감상문의 제목은 자기가 따로 정할 것
◇ 작품의 제목은 따로 명시할 것 (~을 읽고, ~을 보고, ~을 듣고)
◇ 자기가 나타내고자 하는 뜻을 가장 잘 나타낼 수 있도록 제목을 정할 것.
◇ 줄거리를 소개하는 방법으로 쓰지 말 것.

ㅇ 제목 붙이기의 예

잔잔한 음률을 통한 마음의 안식처를 찾아서
- 바다르체프스카의 〈소녀의 기도〉를 듣고 -

○ 감상문 쓸 때의 유의점

◇ 내용을 소개하기 위하여 쓰지 말 것.

◇ 내용을 요약하여 전체의 줄거리를 쓰지 말 것.

◇ 내용과 감상을 따로따로 구분하여 쓰지 말 것

◇ 새로 나온 것이나 내용이 널리 알려지지 않은 것은 줄거리를 곁들여 쓰고, 이미 널리 알려진 것은 줄거리를 생략하고 감상 중심으로 쓸 것.

◇ 동기를 쓸 때에 숙제를 내어서 억지로 감상하였다거나 할 일이 없어서 감상하였다는 등의 이야기는 쓰지 말 것.

◇ 읽은 책과 관련지어 쓸 것, 내용과 관계없이 글짓기하는 형식으로 쓰지 말 것.

독서감상문 쓰기

❀ 방법에 따른 독서감상문 쓰기

♤ 책을 읽게 된 동기를 중심으로 쓰기

책을 읽게 된 동기부터 쓰는 방법은 책을 읽는 사람의 의욕이 강함을 나타내는 것으로 특별히 동기가 있을 때 사용하는 방법이다. 그러나 별다른 동기가 없이 숙제를 내어서 읽었다거나 심심해서 읽었을 경우에는 사용하지 않는 것이 좋다.

♤ 생활경험을 중심으로 쓰기

자신의 생활경험과 일치하는 내용이 있을 경우 이 방법을 이용한다. 책의 내용과 관련이 있는 일을 중심으로 감상문을 쓰면, 자기의 경험을 살려서 쓰기 때문에 생생하고 설득력 있는 글을 쓸 수 있다.

♤ 주인공이나 등장인물을 소개하면서 쓰기

주인공이나 등장인물에 대하여 모습이나 성격, 하는 일 등을 중심으로 쓸 수 있다. 주인공이나 등장인물은 책의 내용의 중심에 서 있기 때문에 그들의 활동이 곧 책의 중요한 내용이 되며 이 방법은 주인공이 한 일을 그림을 그리듯이 글에 담으면서 쓸 수 있다. 이 방법은 영화 속의 장면처럼 생생하게 나타낼 수 있는 장점이 있다.

♤ 책 내용의 중요한 부분을 중심으로 쓰기

책의 내용 중에서 중요한 부분을 중심으로 쓸 때는 책의 내용을 그대로 옮긴다거나 줄거리를 요약하는 방법으로 해서는 안 된다. 줄거리를 완전히 이해하고 이를 자기 방법으로 집약하여 재구성하여 나타내야 한다.

음식을 먹고 배설할 때에 소화가 잘된 경우는 배설물에 음식의 형체가 없듯이 줄거리도 자기화하여 써야 한다.

♤ 자신의 의견 내세우며 쓰기

작품과 관련된 자신의 의견을 내세우면서 쓸 수 있다. 이 경우 주제와 관련이 된 내용으로 써야 한다.

♤ 감동을 받은 대목을 중심으로 쓰기

감동을 받은 대목을 내세워서 독서감상문을 쓸 수 있다. 이 경우 처음부터 산뜻한 출발이 되므로 개성 있는 글을 쓸 수 있게 된다. 주의할 점은 잘못하면 줄거리 중심으로 써질 수 있다는 것이다.

♤ 지은이를 소개하면서 쓰기

지은이는 책을 쓰는 데 있어서 중요한 인물 중의 한 사람이다. 지은이가 어떤 생각을 가지고 있느냐에 따라 작품의 방향이 달라지기 때문이다.

그러므로 지은이를 소개하면서 그 책에 대한 독서감상문을 쓸 수 있다.

♤ 비판적인 내용으로 쓰기

독서감상문은 감동을 받았거나 깨달음을 얻은 감정을 가지고만 쓰는 것이 아니다. 작품에 대한 비판적인 의견을 제시하는 내용으로도 쓸 수 있다. 정확한 판단과 예리한 비판은 오히려 독자들의 사상정립을 돕고 개성 있는 독서감상문을 쓸 수 있는 방법이다.

♤ 독서감상화

책을 읽고 난 후 느낀 감동과 떠오르는생각을 그림으로 나타낼 수 있다.

주의할 점은 책에 있는 그림을 그대로 그리거나 책에 있는 내용을 그대로 그림으로 그리지 말고 자기의 생각을 그려야 한다는 것이다.

독서감상문 쓰기의 실제

❀ 첫머리 쓰기

독서감상문에서는 첫머리 쓰기가 아주 중요하다.

첫머리는 그 글을 읽는 사람의 마음을 사로잡고 글의 내용과 방향을 짐작할 수 있게 해 주기 때문이다.

♤ **우리가 잘 아는 〈미운 오리새끼〉에 대하여 첫머리를 어떻게 쓸까 생각해 보자. 다음 첫머리 중에서 가장 마음에 드는 것을 선택해 보자.**

◇ 나는 이 책을 읽으면서 내가 바로 미운 오리새끼라는 생각이 들었다.

◇ 안데르센의 대표작은 누가 뭐라 해도 〈미운 오리새끼〉다.

◇ 요즘 왕따 당하는 학생들이 늘고 있다. 그러나 미운 오리새끼도 백조가 될 수 있다는 생각을 버려서는 안 된다.

◇ 전부터 나는 이 책이 읽고 싶었다. 그래서 저금통을 깨서 서점에서 이 책을 샀다.

◇ 백조가 되어 집을 나간 미운 오리새끼를 찾아 헤매는 어미 오리의 마음을 헤아려 보았는가?

❀ 가운데 부분 쓰기

가운데 부분은 글의 줄거리와 그에 따른 자기의 생각과 느낌을 적절히 융합해 가면서 쓰는 부분이다. 흔히 줄거리 중심으로 쓰거나 줄거리를 쓰고 후반부에 감상을 따로 쓰는데 독서감상문을 처음 쓰는 사람이 아니라면 줄거리와 감상을 따로따로 쓰지 말고 줄거리에서 느끼는 감상을 중심으로 쓰는 것이 좋다. 또 이 부분은 생활 속에서 일어나는 일화나 자기의 경험을 비추어서 쓰는 것이 좋다. 별명이 있는 사람은 별명과 관련지어 쓰면 좋다.

❀ 끝 부분 쓰기

끝맺음은 산뜻하게 하는 게 좋다.

독서감상문의 끝 부분은 글을 읽고 얻은 감동과 깨달음을 자기의 생활에 도움이 되도록 하며 진실한 결심과 각오가 나타나도록 써야 한다. 이 부분은 길게 늘어놓아 지루하게 해서는 안 된다. 흔히 반성문 투의 각오를 쓰는 것은 진실성이 없어 보이고 형식적인 글로 보이기 쉽다. 남들이 흔히 쓰는 말투를 사용하지 말고 자기만이 나타낼 수 있는 특색 있는 글로 마무리 짓는 것이 좋다.

좋은 독서감상문을 쓰기 위한 새로운 발상

❀ 줄거리보다 감상에 중점을 둔다

독서감상문이란 책을 읽고 난 후 자신의 생각과 느낌을 글로 적는 것이기 때문에 줄거리가 중요한 것이 아니고 글쓴이의 감정이 중요하다.

줄거리를 하나도 안 써도 독서감상문은 이루어진다. 그러나 자기의 생각을 하나도 안 쓰면 독서감상문이 아니다.

❀ 책의 내용을 잘 이해한다

책의 내용을 잘 알기 위해서는 여러 번 읽어야 하고 정성들여 읽어야 한다. 줄거리 설명도 책의 내용을 완전히 알아 자기의 생각 속에서 다시 나와야 한다. 책에서 머리글이나 글평을 발췌하거나 줄거리를 적는 독서감상문을 써서는 안 된다.

❀ 자기의 처지와 비교해 본다

책 속의 글과 자기의 처지나 생활을 비교해 보아야 한다. 그러면서 자기의 처지나 생활을 여러 각도에서 비춰 보아야 한다. 다른 사람이 찾지 못하는 부분까지도 찾아낼 수 있어야 한다.

❀ 책에 대한 비판이 이루어져야 한다

책에 대한 비판을 하되 새로운 각도에서 바라보아야 한다. 책을 여러 번 읽으면 책을 바라보는 시각이 달라지고 전에 보이지 않았던 부분이 보인다.

예

◇ 왜 옛날이야기에는 셋째 딸만 예쁘고 마음씨 좋은 아이로 등장하는가?

◇ 은혜 갚은 까치에서 나그네가 활을 잘못 쏘아 까치를 맞혀 버렸다면?

❀ 동화에 나오는 주인공들처럼 용감해야 한다

동화의 주인공들은 보통사람들 같으면 할까 말까 망설이는 일도 거침없이 달려든다. 자기보다 월등하게 센 상대에게 용감하게 달려든다. 어느 날 갑자기 고아가 되거나 재산을 다 잃고 혼자가 되어도 기죽지 않고 용감하게 살아간다.

독서감상문을 쓰는 데도 이렇게 용기를 내어야 한다.

용기의 예

◇ 머리 아홉 달린 뱀이나 꼬리 아홉 달린 호랑이와 맞서 싸우는 주인공처럼

◇ 가시덤불 속을 헤치고 들어가서 잠자는 공주에게 키스한 왕자처럼
◇ 자기를 잡아먹을지도 모르는 야수에게 용감하게 찾아간 셋째 딸처럼

※ 책의 내용을 새로운 각도에서 바라보아야 한다

책의 내용을 새로운 각도에서 바라보기 위하여 반대의 경우를 생각해 보아야 한다. 책에는 써 있지 않지만, 내면으로 흐르는 다른 내용을 찾아낼 수 있어야 한다.

예

◇ 〈큰 바위 얼굴〉에서 큰 바위 얼굴과 닮은 사람 찾기와 큰 바위 얼굴을 닮아가는 주인공의 변화
◇ 이순신 장군의 자살 : 이순신 장군이 마지막 전투에서 이기고 살아남을 수도 있었는데 일부러 죽음을 택한 것은 아닐까?

※ 고난을 극복하고 승화시켜야 한다

고난의 극복은 모든 글의 원천이다. 생활을 개선하기 위한 거울이다. 고난을 극복한 자만이 간증할 수 있다.

독서감상문 쉽게 쓸 수 있는 방법

❀ 말로 표현하는 독서감상문

책을 읽은 자녀에게 말을 걸어보자.
이것이 독서감상문의 시작이다.

◇ 책 읽느라고 애썼지? 재미있었니?
⇒ (예, 재미있었어요.)
◇ 얼마나 재미있었니?
⇒ (대단히 재미있었어요.)
◇ 뭐가 제일 재미있었는데?
⇒ (주인공이 괴물과 싸워서 이기는 것이요.)
◇ 그리고 또 무엇이 재미있었어?
⇒ (마음씨 착한 주인공이 어려움을 극복하고 성공하는 것이요.)
◇ 그래서 어떤 생각이 들었어?
⇒ (저도 그런 사람이 되고 싶어요.)
◇ 그리고 또 어떤 생각이 들었을까?
⇒ (저도 이제부터는 다른 사람을 위하여 좋은 일을 할 거예요.)
◇ 그럼 지금 우리가 주고받았던 이야기를 글로 써 보면 어떨까?
⇒ (글로 쓰기는 어려울 텐데요.)

◇ 어렵게 생각하지 말고 엄마하고 주고받았던 이야기를 그대로 써 봐. 그러면 독서감상문이 되는 거야. 일단 써 놓고 고치면 되니까 한번 써 보자.

❀ 글로 쓰는 독서감상문

책을 읽고 나서 책을 덮고 생각나는 대로 적어 보자.

◇ 책의 제목과 주인공의 이름을 적어 본다.
◇ 책을 읽기 전에 책의 내용에 대하여 궁금했던 생각을 적어 본다.
◇ 가장 중요한 내용이 무엇인지 적어 본다.
◇ 가장 재미있었던 장면이 무엇인지 적어 본다.
◇ 감동을 받은 부분이 어떤 것인지 적어 본다.
◇ 다른 사람에게 이 책을 권한다면 그 이유가 무엇인지 적어 본다.
◇ 이 책을 통하여 배울 점이나 본받을 점이 무엇인지 적어 본다.
◇ 이 책의 주인공과 나의 처지를 비교해 본다.
◇ 이 책에서 나의 생각과 다른 점을 찾아본다.

위와 같은 내용으로 메모한 내용을 정리한다.

논술 쓰기 지도

논술에 대한 감 잡기

※ 논술이란 무엇인가?

논술에 대하여 생각해 보자.

논술이란 무엇일까?

'논'은 나의 생각이고 '술'은 풀어서 쓴다는 말이다.

즉, 논쟁이 되는 사안에 대하여 나의 의견을 풀어서 쓴 글이다.

풀어서 쓰되 아무렇게나 쓰지 말고 격식을 차려서 쓰는 글을 말한다.

어떤 격식인가? 상대방을 설득하는 격식이다.

상대방을 내 편으로 만들기 위하여 설득하는 것을 말한다.

그러므로 상대방이 내 편이 되도록 이유나 근거를 잘 대야 한다.

❀ 문제 이해하기

먼저 문제를 이해해야 한다. 문제가 무엇이며 핵심은 무엇인가. 무엇을 묻고 무엇을 대답하라는 것인가. 무엇을 파악하고 무엇을 정리하여 무엇을 쓰라는 것인지 파악해야 한다. 경우에 따라서는 내용을 정리하고 파악해야 할 내용이 2~3가지가 되기도 하고, 대답해야 할 내용이 2~3가지가 되기도 한다. 묻는 말의 핵심에 대하여 나의 의견을 자유롭게 피력하기도 하고 조건에 맞게 피력하기도 한다. 그러한 것들을 잘 파악해야 한다.

서론에 대한 감 잡기

❀ 서론이란 무엇인가?

서론이란 시작하는 것을 말한다.

첫선을 보이는 것이다.

상대방의 관심을 끌어오는 것이다. 상대방이 무엇을 원하고 무엇을 좋아하는지에 대하여 그의 뜻에 맞는 글로 시작하는 것이다. 즉, 문제를 출제한 사람이나 내 글을 읽는 독자들이 무엇에 관심을 가지고 있는지 그 내용으로 시작한다.

논술의 주제로 등장하는 문제는 그것이 중요하기 때문에 제시된 것이다. 그렇기 때문에 그것의 중요성을 강조하여야 한다. 또 하나는 그렇게 중요한 것인데 현재 그것이 이루어지지 않고 있기 때문에 제시된 것이다. 그렇게 중요한 문제가 잘 이루어지지 않고 있는 현 상황이나 실태를 거론해야 한다. 그리고 그러한 문제들을 해결할 수 있는 방법이 여러 가지가 있는데 나는 그 중에서 어떤 것을 제시할 것인지 방향을 거론한다.

❀ 서론 쓰기에 대한 이해

◇ 글을 시작하는 머리글이다.
◇ 주제에 대하여 이 글을 쓰지 않으면 안 되는 이유를 밝힌다.
◇ 주제에 대한 현실이나 실태를 제시 한다.
◇ 내가 쓰고자 하는 글의 방향을 제시한다.
◇ 본문에서 다룰 내용과 범위를 예시해 준다.
◇ 논제를 암시하는 최근의 사건이나 보도 내용을 밝힌다.
◇ 논제와 관련된 속담, 격언, 생활 주변의 사례를 든다.
◇ 너무 길게 쓰지 말고 두세 개 정도의 단락으로 쓴다.
◇ 용어의 정의나 풀이는 장황하게 늘어놓지 않는다.
◇ 글에 기교를 부리거나 꾸미는 말을 남용하지 않는다.

❀ 서론의 첫머리 쓰기

〈예시〉 제재 : 학생과 공부

♤ 제재로 시작하기

◇ 학생은 공부를 열심히 하여야 한다.

♤ **결과로 시작하기**

◇ 학창시절에 공부를 열심히 하면 훌륭한 사람이 될 수 있다.

♤ **예를 들어 시작하기**

◇ 우리 형은 대학에서 공부를 열심히 하여 일류 회사 입사시험에 합격하였다.

♤ **인용문으로 시작하기**

◇ 아버지께서는 '공부가 인생의 전부냐고 말하는 사람도 있지만, 부분 중에서는 가장 큰 것.' 이라고 말씀하셨다.

♤ **뜻풀이로 시작하기**

◇ 공부란 학문이나 기술을 배우고 익히는 것을 말한다.

※ 서론에서 다루어야 할 내용

서론에서는 주제에 대한 이해를 잘 하여야 한다.

주제는 시대적으로 또는 시기적으로 중요한 문제이기 때문에 등장하는 것이다. 그러므로 주제의 중요성에 대하여 언급을 하여야 한다. 예를 들면, 자연보호에 대한 주제가 나왔다면 자연보호가 중요하기 때문에 나온 것이다. 그러므로 자연보호에 대한 중요성을 언급해야 한다.

다음은 주제에 대한 현 실태나 상태를 언급해야 한다. 자연보호는 인류가 쾌적하고 건강하게 살아가는 데 필요한 것인데 현

실태는 자연보호가 잘 안 되고 있다는 것을 언급한다. 그래서 이대로 두어서는 안 된다는 것을 언급한다. 자연보호를 잘 하기 위하여 국가에서 정책을 잘 세워야 한다든가, 학교에서 자연보호 교육을 잘 세워야 한다든가, 국민들이 가정에서 오염원을 줄여야 한다든가 하는 해결의 방향과 방법을 제시한다.

본론에 대한 감 잡기

본격적으로 논의를 하는 것이다. 본래 하고 싶은 말을 하는 것이다.

본격적으로 자기가 하고 싶은 말을 하는 것이다. 단, 상대방이 듣고 싶어 하는 말을 하는 것이다. 상대방이 지루하지 않게 단락을 지어서 조목조목 따져 말하는 것이다. 내 글을 읽고 상대방이 고개를 끄덕이도록 하여야 한다. 그러기 위해서는 상대방이 내 말이 옳다고 하도록 이유와 증거를 잘 대면서 자기가 하고 싶은 말을 하는 것이다.

❀ 본론 쓰기

◇ 주제에 대하여 본격적으로 논의하는 부분이다.
◇ 서론에서 제기한 문제를 구체적으로 논술하는 부분이다.
◇ 서론의 논술 과정이다.
◇ 자기의 주장을 세밀하게 펼치는 부분이다.

◇ 장황하게 늘어놓지 말고 개요에 따라 단락을 지어 쓰는 것이 좋다.

◇ 분량은 서론의 4~5배 정도가 되게 하는 것이 좋다.

◇ 정의, 논증, 비교, 설명 등 논리전개의 방식에 따라 써 나간다.

◇ 모든 주장은 분명한 이유와 근거에 의하여 전개해야 한다. 주장에 대한 이유나 근거는 있는 대로 다 들지 말고 가장 적합한 것으로 선별하여 들어야 한다.

◇ 이유나 근거를 댈 때에 한 가지를 길게 쓰지 말고 서너 개로 분류하여 쓰는 것이 좋다.

결론에 대한 감 잡기

결과적으로 하고 싶은 말을 하는 것이다.

마지막 다짐이다. 상대방으로 하여금 마음을 굳히게 하는 것이다.

지금까지 펼쳐왔던 자신의 주장에 대하여 조리 있게 정리하고 다시 한 번 강조를 하여 확신을 주는 것이다.

❀ 결론 쓰기

◇ 글의 마무리 단계다.

◇ 논제의 정리 단계다.

◇ 서론의 문제 제기와 관련시켜 마무리하여야 한다.

◇ 본론에서 논의된 내용을 요약정리하는 단계다.

◇ 논술에 대한 자기평가 성격을 포함시켜야 한다.

◇ 부분적인 결론이 아닌 전체적인 결론에 도달하도록 한다.

◇ 앞으로의 전망과 제언을 제시할 수 있는 부분이다.

◇ 서론이나 본론에서 제기하지 않은 새로운 것을 내놓아서는 안 된다.

◇ 가능하면 긍정적이고 희망적인 전망을 내놓는 것이 좋다.

논설문 쓰기의 순서

※ 주제 정하기

◇ 주제를 확실하게 정한다.

◇ 제목에 주제가 나타나도록 한다.

※ 자료의 조사, 정리

◇ 구체적인 자료나 증거를 제시한다.

◇ 다른 사람이 인정할 수 있는 자료를 제시한다.

◇ 추상적이고 상식적인 증거보다는 구체적이고 실질적인 증거를 제시한다.

❀ 주장을 뒷받침할 근거 제시

◇ 근거는 확실한 것을 자세하게 쓸 것.
◇ 추상적인 것보다는 구체적인 것을 제시할 것.
◇ 사람들이 인정할 만한 자료를 쓸 것.

❀ 주장을 실천할 수 있는 방법 제시

◇ 실생활에서 실천 가능한 방법 제시.
◇ 쉽게 실천할 수 있는 방법 제시.
◇ 꼭 필요한 방법을 제시.

❀ 개요 짜기(글의 틀 짜기)

개요는 글을 쓰기 위한 자료나 내용을 글의 순서에 맞추어서 정리하는 것을 말한다. 개요를 작성하고 이를 토대로 글을 쓰면 글이 잘 쓰인다.

논설문 쓸 때의 유의점

◇ 자기가 가지고 있는 지식과 경험과 논리적 사고 등을 총동원한다.
◇ 주제선정은 사회적, 문화적 관점에서 논의되어야 할 만한 가치를 지닌 것이어야 한다.

◇ 논점이 명확한 내용을 골라야 하며 자신의 능력으로 다룰 수 있는 주제를 선정해야 한다.
◇ 서론에서는 제기된 문제에 대하여 충분한 설명이 이루어져야 한다.
◇ 본론 부분에서, 전개 논증되는 주장은 상호관련 압축하여 평하고 명쾌하게 서술되어야 한다.
◇ 결론 부분에서는 이 부분만 읽어도 본론에서 어떤 주장을 펼쳤는지 알 수 있도록 지금까지 논의된 내용을 요약하여 매듭짓는다.

논술공부 잘 하려면

그렇다면, 논술공부를 잘 하려면 어떻게 하여야 할까?

술을 잘 마시려면 술꾼과 친해져야 한다.

노름을 잘 하려면 노름꾼과 친해져야 한다.

논술공부를 잘 하려면 일단 논술에 가까이 가야 한다. 자주 마주쳐야 한다. 논술에 대한 관심을 가지고 자주 읽고 자주 써 보아야 한다. 이러한 활동에 가장 좋은 자료가 신문이다. 그러나 신문에 나오는 사설이 잘 쓰인 논술이라고 생각해서는 안 된다. 사설은 하나의 예시일뿐 잘 쓰인 논술은 아니다. 참고자료로 삼아야 한다.

가장 좋은 방법은 논술을 잘 아는 사람과 친해지는 것이다. 그 사람을 멘토로 정하여 지도를 받는 것이 가장 좋은 방법이다.

✻ 아이들 키우기는 도 닦기만큼 어렵다.

> “자녀 셋 키우고 나면
> 몸에서 사리가 나온다.”